中医笔记

Poems on Traditional Chinese Medicine

江双乐 著

Billson International Ltd.

Published by
Billson International Ltd
27 Old Gloucester Street
London
WC1N 3AX
Tel:(852)95619525

Website:www.billson.cn
E-mail address:cs@billson.cn

First published 2025

Produced by Billson International Ltd
CDPF/01

ISBN 978-1-80377-129-8

©Hebei Zhongban Culture Development Co.,Ltd All rights reserved.

The original content within this product remains the property of Hebei Zhongban Culture Development Co.,Ltd, and cannot be reproduced without prior permission. Updates and derivative works of the original content remain the property of Hebei Zhongban. and are provided by Hebei Zhongban Culture Development Co.,Ltd.

The authors and publisher have made every attempt to ensure that the information contained in this book is complete, accurate and true at the time of printing. You are invited to provide feedback of any errors, omissions and suggestions for improvement.

Every attempt has been made to acknowledge copyright. However, should any infringement have occurred, the publisher invites copyright owners to contact the address below.

Hebei Zhongban Culture Development Co.,Ltd
Wanda Office Building B, 215 Jianhua South Street, Yuhua District, Shijiazhuang City, Hebei province, 2207

中医笔记

吉林局加题

序

近三年，我在重温祖国传统医学的经典古籍、中医理论、中药、方剂的时候，尝试着用现代汉语诗歌的形式对学习的心得体会作了一些记录。用现代的诗歌意象对传统的中医概念、中药、方剂作了一些深度的摹写，还结合了自己的临床经验，融入了自己独到的用药用方感受。既以诗歌为载体弘扬中医药文化，在中医药里寻觅诗意；又在诗歌里发掘了中医药的灵性，让中医药插上了诗歌的翅膀；还能在读诗悟道中，精进自己的岐黄之术。

我想诗集出版之后，读者朋友可以在读诗中体会感受中华中医药文化的博大精深，让《诗经》和《黄帝内经》携手并进，在新时代焕发出新的迷人的光彩，为中华文明再添新的华章。不仅是诗人朋友爱读爱诵，众多的中医文化爱好者也会在读诗中受益匪浅，潜移默化中感受中医的诗意和养生医疗保健。对于中医药文化进校园、进机关、进社区，都大有裨益。把现代诗和中医药文化相结合，这是一件开创性的工作，前无古人！我想这也是两千年前的《诗经》和《黄帝内经》的不了情吧！

全诗分为四个部分：卷一：阴阳；卷二：五行；卷三：整体观念；卷四：辨证施治。诗集写作有近200首相关题材的诗歌。其中中医基本理论12首，古代医家11首，方剂25首，中药150首。

这本诗集的出版，首先得感谢中国作家协会原副主席、中作协诗歌委员会主任、著名诗人吉狄马加先生在百忙之中为诗集题写了书名。我由此而喜悦，兴致勃勃地举起了《中医笔记》这杆旗子。这本诗集的出版要感谢《诗刊》主编李少君先生的肯定。当时我谈到这个选题时，先生称好，说诗歌也应该为弘扬中华优秀的传统文化服务。并在《诗刊》这个中国诗界的圣地为《中医笔记》编发了一组。这是我坚持这个主题能够写下去的动力！过去都是遇到什么写什么，对什么有感觉了写什么，风花雪月、下里巴人，零零散散，为诗歌而诗歌。后来受臧棣的《诗歌植物学》启发——我这个写诗歌的中医人为什么不写写中医药呢！主题诗歌写作为诗歌创作的一个方向，应该社会意义更大，同时也有利于诗意地域的扩张。我和少君先生一说，得到先生的肯许。我就很坚定地下笔了。可写着写着，就写不下去了，要么就写成了科普，要么就写成了和中医药无关的纯诗了。怎么把两者结合起来让我苦恼，还有那些中草药都是草本属性，怎么写出它们的不同呢？——真是写不下去了……停顿了一段时间之后，还是咬咬牙往下写。自己鼓励自己，先完成两百首吧，不求每一首都是精品，然后再慢慢修改完善镀金。完成后，又反复修改提升了半年。到后来，如果再看再改，头脑里就有些疲劳抗拒了。我想就这样吧，已经江郎才尽了。可能诗集里还有些不如意，但无疑这样的一种创作对弘扬中医药文化是有裨益的，对中医药诗化的行走是一盏有些光的路灯。我的心里也就踏实了。

今天立秋了。可依然是酷热难当，高温红色预警。但习习的凉风正在赶来的路上，隐隐中金属声索索作响。阳台上的绿植依然安静，依然优雅，依然绿进书房。我置身于绿色的容平之气中，静候一场透心的雨。

我常用笔名：郎中。中共党员，高级职称，出身于中医世家，执业中医师。先后毕业于安徽中医药高等专科学校（芜湖中医学校）、皖南医学院、安徽师范大学、中央党校。研究生学历，文学学士。曾在政府机关和多家三甲公立医院任职，从事行政管理和临床多年。业余创作散文、杂文、时评、科普、诗歌100多万字，已经出版诗集三本《经典药方》（团结出版社）、《最好的阳光》（安师大出版社）、《我很爱你们》（自行编印），获奖若干。

现为中国诗歌学会会员、安徽省作家协会会员、镜湖区作协名誉主席。安徽省中医药学会理事。

中国著名诗人、中国朦胧诗代表诗人梁小斌先生曾在我的第一本诗集序言里写道：我帮着双乐老弟一起吆喝：善良，是我为世界开出的最经典的药方。开始写诗就离不开药方，离不开经典药方。一个写诗的中医人所作的笔记。是为序。

江双乐

2024年8月7日

目录

卷一 阴阳

阴阳 / 002
望闻问切 / 003
经典药方 / 004
黄帝 / 005
岐伯 / 007
小青龙汤 / 008
大承气汤 / 009
小柴胡汤 / 010
逍遥散 / 011
虎潜丸 / 012
当归 / 013
半夏 / 014
夏枯草 / 015
薄荷 / 016
沉香 / 017
青黛 / 018
佩兰 / 019
朱砂 / 020
豆蔻 / 021
徐长卿 / 022
远志 / 023
茯神 / 024
甘草 / 025

人参 / 026
柴胡 / 027
艾叶 / 028
乌梅 / 029
黄连 / 030
淫羊藿 / 031
肉苁蓉 / 032
附子 / 033
肉桂 / 034
干姜 / 035
黄芪 / 036
白术 / 037
车前草 / 038
木通 / 039
丹参 / 040
川芎 / 041
葛根 / 042
黄精 / 043
升麻 / 044
地黄 / 045
芍药 / 046
枳实 / 047
厚朴 / 048
黄芩 / 049
黄柏 / 050
大黄 / 051
麻黄 / 052

卷二　五行

五行 / 054
寸关尺 / 056
扁鹊 / 057
张仲景 / 059
白虎汤 / 061
玉女煎 / 062
真武汤 / 063
四君子汤 / 064
巴戟天 / 066
白扁豆 / 067
白花蛇舌草 / 068
白芨 / 069
白鲜皮 / 070
白芷 / 071
百部 / 072
百合 / 073
败酱草 / 075
补骨脂 / 076
苍术 / 078
防风 / 079
蝉蜕 / 080
鸡内金 / 081
陈皮 / 082
牛膝 / 083
延胡索 / 084
磁石 / 085
鳖甲 / 086
香附 / 087
郁金 / 089

淡竹叶 / 090
地龙 / 091
丁香 / 093
独活 / 094
杜仲 / 095
龙骨 / 096
牡蛎 / 097
浮石 / 098
浮小麦 / 099
钩藤 / 100
枸杞子 / 101
骨碎补 / 102
瓜蒌 / 103
藿香 / 104
金钱草 / 105
桂枝 / 106
红花 / 107
滑石 / 109

卷三 整体观念

整体观念 / 112
经络 / 114
穴位 / 115
华佗 / 116
董奉 / 117
皇甫谧 / 118
玉屏风散 / 119
失笑散 / 120
保和丸 / 121
八正散 / 122
五皮饮 / 123
淮小麦 / 124
火麻仁 / 125
僵蚕 / 126
降香 / 127
银花 / 128
金樱子 / 129
荆芥 / 130
九香虫 / 131
女贞子 / 132
桔梗 / 133
杏仁 / 134
菊花 / 135
昆布 / 136
莲子 / 137
龙葵 / 138
龙眼 / 139
鹿茸 / 140
麦冬 / 141

玫瑰花 / 142
旱莲草 / 144
麦芽 / 145
丹皮 / 146
蒲公英 / 147
木瓜 / 149
牛蒡子 / 150
芡实 / 151
羌活 / 152
射干 / 157
伸筋草 / 158
石菖蒲 / 159
石斛 / 160
石决明 / 161
柿蒂 / 162

卷四 辨证施治

辨证施治 / 164
君臣佐使 / 166
煎药 / 167
孙思邈 / 168
李时珍 / 170
叶天士 / 172
牵正散 / 173
乌梅丸 / 174
水陆二仙丹 / 175
布袋丸 / 176
代刀散 / 177
舟车丸 / 178
华盖散 / 179
鸡鸣散 / 180
都气丸 / 181
缩泉丸 / 182
酸枣仁 / 183
天冬 / 184
天花粉 / 185
天麻 / 186
菟丝子 / 187
王不留行 / 188
威灵仙 / 189
蜈蚣 / 190
吴茱萸 / 191
五灵脂 / 192
五味子 / 193
细辛 / 194
香薷 / 195
小茴香 / 196
辛夷 / 197
玄参 / 198
旋复花 / 199
益母草 / 200
泽泻 / 201
刘寄奴 / 202
赭石 / 203
贝母 / 204
知母 / 205
栀子 / 206
竹茹 / 207
莲须 / 208

卷一 阴阳

阴阳

阴阳者，天地之道也
万物之纲纪，变化之父母
生杀之本始，神明之府也

我追随《黄帝内经》
来到了大海的蔚蓝，每一个细胞
都嵌入了太阳和月亮的鳞片
呼唤远方的山河，在沙滩上飞动
握住黑白相间的龙卷风　来
蒙住我的双眼吧
缚住我的双手吧
捆住我的双脚吧
我便是天地。戳一杆无与伦比的大旗
从古至今。留下望闻问切和辨证施治
其他的继续放飞，铺天盖地

积阳为天，积阴为地
阳生阴长，阳杀阴藏

望闻问切

是谁把战场呈现在我面前
——枪林弹雨,血泪横飞
正邪相争已经遮蔽了阳光
乌云从头顶滚到脚下
每一寸受伤的土地都可以裸露伤疤
从你推门的那一刻
我便看到了尾随你的山川河流
大路小径,你的朋友和敌人
虽然假象连天,但还是有穿透的音乐
寻找时间的知者。那一闪而过的气息
绝对不是什么友好的暧昧
几句话,已经无须再问
这河有多深,这路有多长
统统写在阳光提起来的波浪里
还不信,那就伸出你的手臂
我要用三个手指弹奏出三部九侯大曲
让阴阳表里寒热虚实
细细地描绘天地人和春夏秋冬

经典药方

把时间泡在青花瓷里

滋润一个叫上午的地方

茶杯里再放点张仲景的想法

小柴胡汤

两个小时的对话

必须有伤寒论经方的出场

把阴阳五行分行

然后蘸着黏糊糊的阳光

翻几本老友的诗集

选几个鲜活的意象

放进茶杯里

细细端详，慢慢品尝

时间太老

诗歌太长

翻遍了古代医典

善良

是我为世界开出的最经典的药方

黄帝

每一个字我都再三端详
看它是不是根正苗红
把我所有的积蓄拿出来
买几件上好的皮草
举起酒杯,为每一个字壮行

一句"炎黄子孙"点亮了
一部《黄帝内经》。装满了我
行走天涯的词汇。望闻问切
成就了祖国十万里春风

你总是拿着问号在每一页
等着我的惊叹号。你总是
举着阴阳五行的大旗在繁衍生息的
大地上进退有序。每年的三月初三
我想带上"寸关尺"去河南新郑

半人半神的黄帝精力过人
四方征战,涿鹿之战,阪泉之战
统一各部落。于崆峒山
建观修道,参悟自然轮回

播百谷草木，制衣冠、建舟车、制音律
和岐伯论医，和雷公讨论中药炮制
于是，有了《黄帝内经》

黄帝的子孙，黄帝的弟子
我们都有一亩三分地
我们是一群有背景的人

岐伯

我好生羡慕你
一盅酒，就能和黄帝对谈
黄帝问什么，你就答什么
那年头，你怎么知道得那么多
记录下来就是"岐黄之术"
滔滔不绝

黄帝访贤至陕西岐山遇岐伯
岐伯治下的百姓——
长者鹤发童颜，健步如飞
少者肌洁容美，俊逸潇洒

我也常常遇到顽症痼疾
如，天天大汗，久治不愈
如，手脚水肿，久治不愈
我真想温一壶好酒请教岐伯

小青龙汤

处方的时候,我开始飞
下面是波涛汹涌,上空是乌云翻滚
清气左升,浊气右降

我在人体里面飞
我看见风寒裹着白色的痰饮
露出长长的一段导火索

我看见每一个气球都
张开嘴,飞鸟的翅膀
扫满天的星辰,落了一部《伤寒论》

我看到有人把阳光收集
放到阳台上,打开窗户
小青龙拼命地摇动樟树
有无数的阳光,嬉闹着窜出

大承气汤

这样的国度,总有狂野之物
和我一样,你看到我时
友好而忍耐
但我高昂的头,有太多的
难以驯服

登上高山,把闪电
藏在身后。遇到一阵急促的风
吹开的豁口,千年的瀑布
露出会说话的石头

接过从朝阳递过来的绳子
真的有这么长
刚好扔进这个黄昏
夕阳头也不回。远方的大海正在伸手

小柴胡汤

我几乎每天都走
同样的一条路。遇到熟悉不熟悉的人
我都打招呼。在路口
我叫出了那么多人的名字
你们排好队,让老人小孩先走

把那个阴云密布的人叫来
让他洗个脸,梳个头
然后交给他一个太阳
拿去照亮深夜走路的人

"你们两个不要吵了
各让一步",把《伤寒论》
搬到桐城的六尺巷去阅读
小柴胡汤一脸的轻松

逍遥散

有几个庄子
才能拼凑出这样的八味药
上天入海,登堂入室
鲲鹏的气质让无数的人
进入仙境

风把阳光吹进阴郁的天
每一粒阳光都能生根发芽
长成一片郁郁葱葱的森林
深呼吸吧
让起伏的山峦带动血管神经
给大地一个微笑

小溪流会记住
鸟鸣会记住。灿烂的日出
总是来自故乡的大湖

虎潜丸

整个世界都蹲在这里
深山老林呼吸很匀称
突然惊起的一声鸟鸣
把月色撕开了一个缺口
露出了已经远去的长啸
此时，茫茫的长夜被两只有力的
前爪紧紧地摁在地上

白天的风随意地吹拂一些花草
赶路的动植物总会被偶尔的啸鸣
绊得东倒西歪
阳光一直在说着月亮的故事
大补阴丸和虎潜丸，短暂地交汇后
又各奔前程，行色匆匆里
一枚虎骨摆出了神秘的公式
教宇宙如何潜伏，避开萎软的黑洞

在这一瞬间，朱丹溪笑了
仿佛和月亮一起拨动了太阳的指针

当归

锯齿状的叶子掩护着紫色的心跳
高举的小白花吞吞吐吐
犹豫像一杆老秤,刻度模糊
期盼的眼神从明亮到黯淡
无论什么季节
都有叶子落下

钞票堵住了月亮的道路
所有的窗口耳鸣,听不见北来的风
一改过去闺房的钟声
睡前围上来的短视频、抖音
吞噬着昏暗的台灯
许多次记起,又忘记

老宅前椿树上的巢
小鸟正在嗷嗷待哺

半夏

半夏姑娘和白霞姑娘
把一世的传说交给半夏收藏

草丛中的等待
天色晃悠,一颗不能安静的心
可湖水安详,日头正好

绿色不停地描啊描
花色已艳。蝉噪林逾静
大红大绿沏上了一壶上等的好茶

往后便是过度的热情
也许是压抑的痞闷
黏腻的汗液会让天空眩晕

一声一声地咳嗽
惊动了土下的块茎
他得先去参加一个送行

夏枯草

我不忍心看这骄傲的日头
只有这样一顶枯黄的草帽
雷阵雨、梅雨、潮湿的苔藓
还有不知节制的花红柳绿

我不想看他的市侩,呼唤多时
只有风在湖面上吹过
岸边,紫色的过往棕色的脑袋
在深厚的草色里张望

我知道他的心思
他对于我的忌惮
我选择隐身而退
我知道他手里拿着新词,正在赶来的路上

薄荷

薄薄的月色
树的影子山的轮廓
马路上不息的车流
静谧的笑容像飘动的丝绸

身披轻纱的少女
曼妙的身材玲珑的曲线
轻盈的舞步。涓涓的细流
从高处洒下

晨昏，薄薄的鸟鸣
一层柔软的金粉
薄薄的香气摊得很均匀
满山遍野都是迷途的蜜蜂

口香糖划过优美的弧线
穿过希腊神话、埃及法老、薄荷姑娘
眼前的清新，撩开工业化的浓烈粗重
路边的小草轻轻地禽动

沉香

看不到空中五颜六色的
气球。山花静止在
一个姿态。庄重大气地
端坐于群山之间

劈山救母。远处的山堆积成
白色的厚云层
近处的湖,波澜不兴
握紧拳头。立正的姿势

一个雍容华贵的少妇
从身边飘过
许久,才有一股蓝色的香
从水的缝隙里上浮

青黛

远山含黛
苍翠青绿

庭院深深处
一抹光透过浓密和茂盛

娥眉,略施粉黛
婷婷袅袅,紫檀色的长廊里有幽深的回响

我真想从水墨画里
轻轻地拈出这两个字
安在我爱的人名字里

佩兰

纯朴的村妇
两本不薄不厚的古书
唤几声鸡仔
翻几页发黄的书册

扈江离与群芷兮
纫秋兰以为佩
傲然风骨的白衣君子
从《离骚》里正步走来

世上所有的阴影都被阳光吞没
佩兰做了阳光里的
一把油纸伞

朱砂

红色的光闪过
一缕梦中的惊悚
鼾声沉沉铺垫成
红色的海洋。有几条小船
颠簸，在浪中

道骨仙风
朱砂鼎里结金花
时点朱砂为订符
炼丹画符。只记得长髯飘飘
一记拂尘扫尽天下

剩下的几粒
点在美人的唇额之间
问遍天下红颜，寥寥云烟

豆蔻

站在朝霞里

万物含露

我没有喊出来

我怕喊破了她的皮肤

也怕惊扰了多情的薄雾

一位少女立在岸边

连串滑动的水漂

为阳光揉了揉一直

惺忪的眼。还有飞起来的长发

正在告诉杜牧:

婷婷袅袅十三余,豆蔻梢头二月初

徐长卿

敦厚老实的村民都可以叫
这样的名字。有些智慧的
蓝布汉服养了几头猪
紧随身后的小黄狗
上山采药的时候,也采晨露
采溪流,采鸟鸣,采狼嚎

用草药做成的面条
治愈了各种瘟疫
不知道徐长卿从什么时候起
就真的和野草长在了一块

远志

淡紫色,或紫色的小花
踮着脚尖,打着节拍
一群草木仰望星空

脚下的这片土地
告别阴暗潮湿
每一枚叶子都长出风和日丽

穷秀才励志的故事
愚钝之人变聪明的故事
总有一位美少女奉药相随

化痰开窍、宁神益智
顽固性失眠常用远志菖蒲相配

茯神

松树可以随心所欲
看不见阳光,阴暗潮湿的地下
粗糙的外表下
雪白丰腴的身体何人能识
一个关于根的故事

一位叫茯神的神祇能呼风唤雨
把安定和智慧带给人间
柳宗元因故作《辨茯神文并序》
那是中唐的事了
这哪里是一味中药啊
小茯小苓的爱情故事
被苏东坡制成了茯苓饼
分明是把文化做成了夹心

历朝历代,茯神一直默默地看着茯苓

甘草

总想到孔夫子周游列国
所到之处克己复礼
仁义礼智信抚过每一棵小草
微风。满山遍野

一个低调仁厚之人
云游四方,山河清朗
慈祥温和的笑容
涌出无数紫色的甘泉

国老轻轻地咳一声
就能化解矛盾
解一千二百草木之毒
土地安泰,风调雨顺

我的每张处方里,都有
甘草、炙甘草忙碌的身影
甘桔汤和芍药甘草汤
常在我的诊室里问候众生

人参

收集众人的造句,把苦难咽下
阴霾里的阳光过滤了苍白
蓝色浮起了海洋,更蓝

是的,长久了,就长到了人间
与其说,人参像人
倒不如说,现在的人更像人参

人参姐姐、人参娃娃
都是惩恶扬善的化身
天上到人间的九座山,一直寻寻觅觅

淡绿色的花,微红的果实
根早就扎进了我的处方里

柴胡

白色云朵上的艄公
向阳处百花齐放
明朗的山河总有一些傲慢的微尘

绿色的叶子很光顺
淡黄色的根长满了笑话
逍遥散经常前瞻后仰

财主辞退的帮工病倒在水塘边
饥饿难耐时抓了把路边的野草
从此便有柴火走出了灶膛

小柴胡汤和四逆散
开门的钥匙
门开处,柴胡喜看千军万马

艾叶

狭窄、曲折的小路

执拗地扑进野草

清香四起。五月初五赶来

艾草倚在门旁

更多的想法夺门而出:

家有三年艾,郎中不用来

周武王的名医艾蒿

孙思邈与"艾",扁鹊与"九节仙艾"

每一段传奇的故事

都从古筝上扫过,艾平和地接住

临床上常用"胶艾四物汤"

小米艾叶熬粥,艾叶泡脚

小艾,就像你家里那位温暖的

钟点工,还通晓唐诗宋词

乌梅

这样的回忆和模仿
精致的五味发生了奇异的折射
偌大的水面无一处闲笔

酸啊!
都知望梅止渴,其实今天止渴的
是那些被乌梅腌制过的汉字
一直在煮酒论英雄

我找到了乌梅丸
对付寒热错杂、入夜加重的顽症
温脏安蛔早已换乘高铁
人间的站台,也不是非白即黑

黄连

带着这样的标签
行走天涯,收获了甜蜜爱情
良药苦口,天下的掌声
一遍又一遍地蘸满了苦涩的汁液

富家的小姐生病无人能治
帮工发现了开黄花的野草
自己先尝无毒,再给小姐治疗
帮工的名字叫"黄连"

吃苦是件困难的事
苦能燥湿,苦能泻火
苦中苦,像一口深不见底的井
交泰丸自有一番高论

淫羊藿

天地氤氲处有闪电划过
山河开始播种红色的火花

树林灌木丛中
杏叶青青,顶端的花按捺不住
一如既往的小清新

公羊啃吃后,阴茎极易勃起
与母羊交配的次数明显增加

陶弘景载入《本草经集注》:
北部有淫羊,一日百遍合

自此,便有淫羊入肝肾二经

肉苁蓉

荒凉,这残破的栅栏
怎能阻止梦的涌入

沙漠中长出男人的生殖器
吸尽大地的精华
荒凉更为荒凉

沙漠中的人参
温而不热,补而不峻
留下了从从容容的好名声

见惯了铁木真大战扎木合
见惯了神马喷血
见惯了一直揣在成吉思汗怀中的
神药,是怎么征服欧洲大陆的

我很少开出肉苁蓉
一个诗人看不惯裸露的肉

附子

开出这样一味药
父亲的笑容总会从墙上走下来
给每一个笔画镀上阳光

世人皆以为他们是"父子"
太乙真人师徒走过的路
把紫色的阳光深深地勒进了绿洲

《伤寒论》早就排兵布阵
有"父子药"的地方就有太阳:
四逆汤、附子建中汤、附子理中汤……

郑钦安、李可把潜阳丹递过来
脸上长斑,口腔溃疡,慢性咽炎
我都要请来附子,仔细交待一番

肉桂

有三条明显的路径
到过的地方,他舍下皮囊
开始新的生活,快乐埋葬了快乐
记得枝花和阿桂的坟头上
曾长出一棵绿色的小苗

美女西施素爱操琴吟唱
咽喉疼痛,停药即发
一长者见其四肢不温小便清长
便处方:肉桂一斤
半斤不到,疼痛消失

自此便有了引火归元
小剂量,2—3 克

干姜

张飞长坂桥头的那声吼
黑旋风李逵的那双板斧
真正是得了干姜的真传

肉体沉睡，心自顾行走
赤脚也想蹚过寸关尺照亮的
冰河。说话快，走路急

神农尝百草，几次中毒濒临死亡
干姜自天而降
落在了《神农本草经》里

临床上我常配伍附子、肉桂
就像刘关张，从三国
走进了我的附子肉桂理中汤

黄芪

绿色的翅膀列队,微风摇着
淡黄色的铃铛,猫眯着眼睛
鸟从眼前飞过

已顺从了,来自山野
满心欢喜的时候,一杯水
谈天说地,可以和颜悦色

白居易用黄芪煲汤
一碗粥,黄芪和苏轼成了好朋友
胡适的每节课都要放到黄芪水里浸泡

虚证我必用大剂量的黄芪
水肿配以黄芪、川芎、益母草
黄芪比人参温和,面对复杂情况
总是娓娓道来,条理清晰

百岁的老中医形瘦面黄
人称"黄耆"。墓旁长了一种草

白术

我希望能用白术治白发的故事
吸引眼球。可汉武帝的一道圣旨
让褐色的身体一直举着绿叶和紫色的花

白术是白衣姑娘的化身
财主挖出一道金光射瞎了眼睛
满山遍野的白术都在寻找
明显的朱砂点,菊花般的云头纹
那是千年白术曾经的装饰

玉屏风散挡住了北来的风寒
四君子来不及推杯换盏
妈妈唤着乳名,隆起的肌肉
可以将不知好歹的骨刺折弯

车前草

把战车的荣耀放在额前
照亮了千年的美丽传说
一副铠甲叮当作响,小草温柔

将军问马夫:此草哪里有?
马夫答:马车的前面都是
将军随口:哦,车前草!

绿叶捧出穗状圆柱形花
治好了战马的尿血
也治好了士兵的血尿

从汉代逶迤而来,离喊杀声已远
老当益壮的车前草
可以清热利湿凉血通淋

不满足于春天的嫩叶制茶入菜
在血糖和尿酸面前,车前草
站成了一个巨人

木通

立春时节，怀抱的水流
击穿残冰，提着灯笼奔向河湖
一派浩浩汤汤的样子

紫色的花，椭圆形的果
行到八月有了一个好听的名字
八月札，把欣喜放在小篆里

寡妇的儿子生病
丈夫托梦：坟头上的植物
可以畅行江湖。至今和白云为伍

披挂整齐，便有一个好名头：
导赤散，专门对付舌红小便发黄
还要面对母亲肿胀的乳房，嗷嗷待哺的婴童

丹参

紫色的头饰成片地移动
掩护根茎进入血液
击碎每一个伪装者的阴谋
道路通畅,山水无障

儿子救母涉险采药
从"丹心"走向"丹参"的路上
人参在不远处招手:来,跟上

红色是血液的通行证
血染的根须有不变的乡音
一声乳名,千年的老宅纯粹而清静

丹参、川芎、葛根结伴挑战颈椎病
一味丹参,功同四物
世间的嫉妒可演化为深度的加减

川芎

家门口的邮差,那辆破旧的自行车
擦得干干净净。传递信息
进村入户。听说和四川沾亲带故
认识灌县和温江

唐代药王孙思邈携徒云游
至四川的青城山遇见鹤病
又有鹤从空中丢下草和花
病鹤愈。伞形的浓香飘向人间

川西第一洞,苍穹降良药
川芎随着四物汤征战四方
如今,经常有心电图登门造访

葛根

等待,一个诗人的眼睛
千手观音和葛藤一起舞动
阴晴圆缺,为风塑形

与葛洪相遇茅山脚下
治好了江苏句容民间大疫
都说这种根能药食两用

盛唐,一瘦弱女子常食野葛
断了进士郎休妻的念想
世人便知葛粉自有颜如玉

葛藤喜欢在高处瞭望
低处的葛根整装待发
有这么多老中医递过来的邀请函

黄精

九华山挎着篮子
叫卖。像生姜,又不像生姜

黄精泡酒,黄精烧肉
黄精做的酥糖
美了晨钟暮鼓。被木鱼敲打成
九华山应有的样子
黄精长出了大佛眼中的高度

黄精的故事长满九华
黄精郎和黄精姑娘都知道
无暇禅师食黄精活 126 岁,用舌血
著华严经 81 本

黄精益气养阴补肾
其实,我常常当心把黄精开成了黄金

升麻

风筝牵着处方，往大家庭
口眼耳鼻的方向
传递清阳之气滋养元神

高海拔，看惯了日月星辰而俯视众生
不屑于与低处为伍
往上啊，这里有千年的云梯

青梅的母亲子宫脱垂，无人能治
先人托梦：竹马到来日，洞房花烛时
青梅贴病招亲，有人采来了"竹马"

竹马被后世传成了"升麻"
青梅竹马告别了出生地
忙碌于补中益气汤和升陷汤

地黄

低垂的眼帘,白里透红把重要的信息
传给浑身毛茸茸的驿站
长长的数据线吸尽了大地的精华

唐朝时,黄河中下游瘟疫流行
好心的县太爷到药王庙
祈求神农护佑百姓……

"地皇"传为"地黄"
《神农本草经》用生地和熟地
招待四海宾朋,养阴清热,滋阴补肾

四物和六味停下疾走的步伐
水浅不能养龙,要引火归元
我用引火汤,熟地黄九十克

芍药

红色的白色的——闪过
都是复杂、灼热的你
代代相传。根交代花:
白大褂,也可红色如血

华佗在自家的房前屋后栽满草药
亲尝之后说了句芍药无大用

委屈了芍药一身的才华
夜半哭声几次惊了华佗和夫人

一日华佗外出。夫人崩漏
只好就近挖了点芍药
如今亳州的芍药肥厚个大

我常用芍药三十克到六十克配伍甘草
缓急止痛。白芍和赤芍并非一母所生

枳实

每个事物都有复杂的地下系统
枳实的根须在遥远的地方纠缠

都知道《晏子春秋》：
橘生淮南则为橘
橘生淮北则为枳

其实淮南也有枳
青青圆圆的果实，未成熟
还总是酸溜溜地说：能理气

老婆婆和义女（仙女）相依为命
姑娘和一个卖货郎情投意合
未获当地土司的批准

姑娘用枳实加芍药治好了
土司夫人的腹痛，也医好了
自己多舛的爱情

枳实如青年之猛悍
枳壳若老年之稳健
他们有一发小，叫厚朴

厚朴

老朋友迎风伫立,若有所思
挂着忠厚朴实的笑
无论表扬批评,都是一样的表情

绿色的大叶子常聚于树枝的顶端
遮风挡雨。大而美丽的花开成了
窗外的玉兰,花语极好:纯情的爱

本是天帝长子,却爱上了这里的
吊脚楼和美少女。变成了一棵树
守在吊脚楼的门口。寒风中
总是把自己的衣裳送给当地百姓

指腹下,堆积着抗菌素的垃圾
世界因此而变得脉滑而苔腻
在我青睐的平胃散里,我的朋友
勤勤恳恳,修路搭桥,疏通河道
还经常接受大将军的邀请

黄芩

紫色的花,靓丽的风景
超凡脱俗的样子虽面黄肌瘦
但有一个叫"芩"的好名字
就不苦了。想想也甜

李时珍采药归来,突发高烧咳嗽
因尝药太多,病情日渐加剧
大量服用黄芩,《本草纲目》记下了
黄芩姐姐遗弃黄连妹妹的——苦

黄芩喜欢在小柴胡汤里推波助澜
泻心汤里的黄芩约上一位干姜
可以拳打脚踢,辛开苦降

黄柏

其实不需要苦涩伤感
用好看的外套换来了
清热燥湿的好名声
李时珍为"黄柏树"命名
《本草纲目》赶紧收录

一位名叫黄柏的医生
治好了家乡百姓的病
百姓便称这种植物为"黄柏"

金元时期,一富商小便不通
久治不愈。名医李杲用黄柏
与下焦结缘,认识了黄芩黄连

二妙、三妙常招呼黄柏
黄柏更喜欢在聪明汤里大谈
人的一辈子怎么活得明明白白

大黄

很多浪花一圈圈从空中围过来
看是否能删去一个动词
安一个有气场的形容词

将军指挥千军万马
过关夺隘,激流奔涌,一泻千里

初见将军,英气逼人
再见将军,和蔼可亲
既可以站在阵前大手一挥
也可以立在后排,默默无声

徒儿该用黄连而错用黄根
吃了一场官司。"五黄先生"
便把黄根改为大黄

梁武帝萧衍生病只用大黄一物
清代名医徐灵胎通过大黄
常与神仙交谈

麻黄

当我眼前拥挤着空白的时候
麻黄汤是我记诵的第一首方剂:
鲜艳的色彩幻化出:
麻黄汤中配桂枝,杏仁甘草四般施

太阳表征,无汗
麻黄无叶,有稀疏的黄色小花
看遍四周叶子的妖娆
他经常急得满身大汗

老中医的一个弟子轻狂
老师一再嘱咐:无汗用茎,有汗用根
一病人虚汗,弟子用茎出了人命
五年后痛改前非,又拜在老中医门下

我用麻黄发汗很少
麻黄和石膏会碰出火花
添入杏仁甘草,一直烧到支原体
在四逆汤中加麻黄
在温胆汤中加麻黄
治疗抑郁症,辨寒热而行

卷二　五行

五行

古人丈量物质世界的时候

发现了木火土金水

从此世界无秘密可言

一盘大棋,生克乘侮

一世形影不离

一生缠斗不止

跑完了五座山峰

那棵松和松下独坐的童子

把世界的难题拿来

我给出清脆的算式

把世界的未来呈上

我给出向日葵一般的答案

我伸出三指辨认寸关尺

发现了隐身于世的三部九侯

微风细浪抚慰着五行

波浪滔天,五行也会夜半惊魂

水来土屯，健脾土以利水

肝木乘脾土，反酸嗳气，培土抑木并行

寸关尺

捋袖子,伸出手臂
把你的江山放在我的眼前
一声号子
江河湖海挤进一条鼎沸的河流

吹奏而起,大鱼和笛子一起进退
大虾爬进齐白石的画,又从雪白的纸上
带回了一个喧嚣的世界。抹香鲸和海龟
结伴畅游,一路讨论长寿的意义

一寸之地有大海的惊涛骇浪
关口把灵魂高高地托起,沐浴阳光
一尺的地方有更多的预言涌来
细细辨析,浮中沉,自有带泪的音符飞起

指腹下,有宇宙,有星空
有绿色的海洋里横行不羁的鱼龙
最常见的是脉弦细数。江南的雨巷
总会走出一个结着愁怨的丁香

扁鹊

想和您交谈。我这晚辈也晚得太多了
两千多年。其实我想学习您的望诊
给病人诊病时,我喜欢暗自鼓励:
我就是扁鹊,我就是张仲景

扁鹊在战国时期巡诊列国,救人无数
我们中医人称其为"医祖"

青年时开一客馆,幸遇奇人长桑君
"我有秘藏的医方想传给你"
"好的,遵命"

扁鹊的医术被广为传颂
在邯郸,为妇女的"带下医"
在大梁,为老人的"耳目痹医"
在咸阳,为儿童的"小儿医"
——中国最早的"全科医生"

扁鹊当时已用望闻问切诊断疾病
尤其是望诊更是入化出神
路过齐国,齐桓公召见了三次

第一次:"君有疾在腠理,不治将深"
第二次:"君有疾在血脉,不治将深"
第三次:"君有疾在肠胃间,不治将深"
齐桓公都是:寡人无疾。很不高兴

第四次,扁鹊见齐桓公。扭头就走
齐桓公已病入骨髓,很快不治身亡

望而知之谓之神。行医的道路上
扁鹊的故事一直涵养我们的眼神
能望见脏腑,还能望见隔墙的人

张仲景

我每天都在偌大的一个林子里跋涉
碰到豺狼虎豹,我挥一挥手中的经方
在一汪清澈的小溪边
也会遇上张仲景和善的谈笑
我呈上《伤寒论》和《金匮要略》
请求签名。医圣挥就:
勤求古训,博采众方

张机(仲景)乃我胸中的一杆大旗
我每天扛着它,招摇过市,辨证施治

"余每览越人入虢之诊
望齐侯之色
未尝不慨然叹其才秀也"
张仲景年幼博览群书,钦佩扁鹊医术

十岁学医,年轻时就医名四方
"六经论伤寒"名噪一时
公元210年终成《伤寒杂病论》
东汉末年,中医临床诊疗和方剂学的
一杆大旗,在战乱和瘟疫四起的中原大地上

被高高举起,逶迤而来,泽被后世

"举孝廉",张仲景做了长沙太守
每月的初一和十五,太守衙门大开
仲景端坐大堂,不是断案
而是为四邻八乡的群众把脉

如今,河南南阳的医圣祠忘不了
冬至的饺子——祛寒娇耳汤
2021年5月12日,习近平总书记来到医圣祠
为中医药的发展把脉:
"过去,中华民族几千年都是靠中医药治病救人。"

白虎汤

古道的那一头
过来一只白虎
走进了张仲景的《伤寒论》
出来的时候,带着知母甘草
还随身携带着粳米
看样子要远行

过了汉代以下无数的疫区
经过了 20 世纪中叶石家庄流行的乙脑
还经过了非典和新冠
虽然浑身伤痕累累
但依然精神抖擞,容光焕发

一道士说此方为白虎大仙所赐
大剂量的石膏塑成了一尊白虎
遇到高热,便如猛虎下山
山下的人总能听到金属的声音

玉女煎

我来的时候

蓝天上有几朵白云

没有沾染上一点灰黑的颜色

灰黑的事物见不得

阳光下的玉女，目光能穿透五大洲四大洋

它流过了天空、树梢和楼房

流过了川流不息的车辆

从观音菩萨右侧的柳枝

流进了人的五脏六腑

只要它愿意

阴虚胃热只能是它流过的河床

真武汤

它想起谁
谁就会在山河中惊醒
把阳光刺进树瘤
枯枝也会溢出清新的曲线
天空中最美的弧度
让七岁的孩童用七彩之笔
随心所欲地涂啊涂

我又想起了上海滩的霍元甲
想起了那些世外的高人
奸邪之人算不得真武
浩然正气一拳能击穿地球
在这里,附子领头,武火文火
一直勤学苦练温阳利水真功

四君子汤

我怎么就想到
这四个人用一杯清茶
聊着这无所用心的世界

干净整洁,着装整齐
宽厚而平易近人
经常抓一把阳光放在面前的台面上
就着茶水喝下

我唤"君子"
会有四声回应,不紧不慢
也或鸦雀无声
每人掏出一点蓝色
来修复这斑驳的风景

是的,我喊你来
要把这疲软的风拉直

一贯煎

都说,坚持就是胜利

都说，习惯会成为自然
我把你的坚持，经过火的提炼
写到处方上
成了所有中药饮片的座右铭

这里有扇门
打开栅栏
无论春夏秋冬，都有蝴蝶
提着灯笼照亮每一条
通往窗户的小径

小径的尽头
《论语》写着：吾道一以贯之
迷了清代的魏玉璜

巴戟天

戟,古代的兵器
矛、戈一体,沉滏一气
可以直刺和横击
一个天字,尽显霸气

成熟的果实像外星人的头颅
根茎入药,又名鸡肠、兔肠
又似动物的生殖器
"独此不凋,与天相戟"

乾隆皇帝活八十九岁
英国皇室派人来探寻长寿秘诀
御医们告诉使者:巴戟天

我用巴戟天常见于引火汤三十克
也见于调经助孕诸方

白扁豆

幼时的"月亮菜"总是被月亮驱赶着
钻进记忆的深处。妈妈的味道
一直弥漫在我的城乡。月亮菜烧肉
如今一半源于我的恐惧
一半源于我对过往的眷恋
月亮一直挂着露珠,天空西沉
把白云含在嘴里,用长长的藤蔓
延伸着对尘世的情怀

陈阁老回乡探亲,满目皆是
杨柳树下的白扁豆与杨柳
盘根错节,卿卿我我
阁老禀报乾隆推向全国
和谐共生,养生保健,食药两用

暑天感冒,我常用小柴胡加香薷饮
重浊的湿气里,月亮会轻轻地飘起

白花蛇舌草

微笑的孩子，蝴蝶般展翅
能否接受这其中的秘密
浓密而清雅的绿色枝条
细细的胳膊举着素雅的白花
风来了，蛇愉快地吐弄舌头
刺探空气中悬浮的宇宙

郎中为一重症病人诊治
一时找不到治疗的草药
疲乏间伏案打盹，一白衣女子
飘然而至。所立之处生出一白蛇
吐弄出一丛丛小草
醒后来采，得诗两句：
白花蛇舌草芊芊
伏地盘植农舍边

我常用于抗肿瘤
与半边莲、半枝莲合用
也常大剂量与红藤合剂治慢性阑尾
与龙葵合用，急性咽炎药到病除
每每处方用药，眼前是一条无所不能的白蛇
身后有手持竹竿的孩童

白芨

一切不过是撕裂,无限拉长的
道路,在逐渐增加的空虚里长草
花开紫色、粉色、白色
兰花的近亲。阳台上两盆
白色的根神通广大,连及而生

一个叫白及的死囚突发病危
老狱卒花钱请来郎中
给白及看病。白及临刑前献一秘方
白根为末,米汁调成
老狱卒忘记了白根的名字
顺口称为:白及
白及能收敛止血,消肿生肌

我处方用白芨不多
慢性胃炎伴糜烂常配白芨三十克
轻微的烧伤烫伤
可用麻油伴白芨粉外涂

白鲜皮

它从森林缩小到树枝
还在不断地缩小，直到变成
郎中手中的一小块皮

一米多高的香气，浓烈地擎出
紫色的旗帜，有目的地
包围作战。如果写作"癣"
与皮肤病的渊源就昭然若揭

主人生了恶疮难以保命
牛主动为主人而死。坟头上
长出一棵植物
根皮捣烂敷在疮面……
百姓称之为：拔毒牛

治疗皮肤病常用白鲜皮
据说能使皮肤美白鲜嫩
咽痒咳嗽，常与苦参同用

白芷

我的心,栅栏的门,徐徐打开
焕然一新的世界告别头痛
白芷高大如伞
头顶满天的星辰

李秀才从鹰嘴里救下
一白兔,晚上变成了美少女
临别,感恩秀才:
今后有难事,连呼三声白兔仙女
秀才一日突发头痛,急忙之后山连呼
一老郎中送来了三粒白丸
药到病除。秀才还高中状元

所有的传说离不开头痛和痛经
我常用于鼻炎,有四药:
苍耳子、白芷、辛夷、薄荷
还做阳明头痛的引经药

百部

缓慢地辨证
若有所思地用药
群鸟惊起,咳嗽声没入暮色

绿色的礼花有秩序地翻卷
根茎处百余个部落相连
形似而不同,花了肺泡的双眼

妻子上患咳嗽,下患阴处瘙痒
久治不愈。丈夫为妻子寻来了草药
内服外用

面对久咳的患者
我常用百部、浙贝、杏仁组队
在暮色里寻觅风向

百合

有人在附近弹钢琴
把自己越弹越远,淡雅清香
再来一曲"百年好合"
迷倒了一片植物和动物

儿时上山采过百合
很多瓣合在一起
我久久不愿掰开心中
那一丝难以割裂的温暖

夏娃和亚当偷吃禁果
被逐出伊甸园,夏娃的泪
化作了清清白白的百合花

百合是中药王国的外交家
德国爱丽丝脚下的花朵成了
宙斯之子吸出来的乳汁
喂养了法国王室的权力
点燃了智利国徽上的火把

夫人常用百合煮粥,四季润肺

我常开润便的一组药：

火麻仁、百合、苏叶

败酱草

昨夜就像一张薄纸
败酱草浓烈地穿过
深呼吸,弥漫在字里行间

蓝花败酱
白花败酱
晒干的酱臭溢出,让尘世目光
从根部弥漫

众人抬棺往坟地,沿途滴滴鲜血
走方郎中跟随而行
得知女子下身出血而亡
郎中说:鲜血淋漓,一线生机
开棺而治。那无名小草
就有了:墓头回

败酱草寒性大,用得少
妇科感染,吾方中必配三十克

补骨脂

把折叠的闪电放进骨头里
每一片叶子配一个紫色的默许
在进入空气,在放弃,在告别
拥抱别的事物
T型台上:温肾助阳,温脾止泻

唐朝宰相郑愚七十五岁高龄
调任海南节度使
赴任途中,伤于内外
阳气衰竭,一病不起

有李氏乡贤推荐"补骨脂"
郑相连服数日众疾得愈
此后长服此药
辞官回京之日,吟诗一首:
七年使节向边隅
人言方知药物殊
喜得春光采在手
青娥休笑白髭须

骨头在迷雾中穿行

常把闪电拉出体外，鞭挞

颈椎病和腰椎病

常用对药：补骨脂、骨碎补

苍术

从挖出的根部缓慢地流出
旧音乐。与伤口保持着一夜之隔
显微镜下雪花的玲珑戴在头顶上
地下连作一坨苍黑色的沉想

京城赶考的书生回乡
至西湖遇一个仙女同路
书生腹泻不止
仙女从怀中取出了苍术

我常用平胃散祛湿
也解长期服药之人体内药毒
还有二妙、三妙、四妙、五妙
苍白术配对更是妙不可言

防风

防风说,我要带着伤口
完成所有的命运。摇晃的树
飞扬的沙尘,我拿什么来挡一挡
好在有无数把小伞
已经撑了两千年

大禹治水成功,庆功于绍兴茅山
防风氏因救灾民,迟到
被误杀。颈项处冒出白血
血流的地方,长出白色的小花

防风多见于消风散、玉屏风散
我惯用小柴胡加葛根、防风治感冒
平胃散里加防风,祛湿的效果更好

蝉蜕

把参天大树擎成了一杆
季节的旗帜。飘成世界的通透
直逼宇宙。无与伦比的高音
总是把周围的日子一起拥抱
还原别的物质,朗声地欢呼
末了,好声音留给人间

名字叫"单"的猎户娶了
一位如花似玉的媳妇
被一个纨绔子弟非礼
自缢于屋后的一棵树上
单知道真相后,抱住那棵树
大叫了三声:知了。吐血而死
从此,有一只蝉,终日栖在枝头

久咳配伍蝉蜕、僵蚕
咽痛喑哑配伍蝉蜕
小儿纳呆好动配伍蝉蜕、白术

鸡内金

曾经的饱满,曾经的阳光
曾经的烟火
把用旧的早晨带到了下一个路口

鸡肫皮的童年
拨浪鼓摆得地动山摇
满药铺的鸡叫,为谁消食化痞

民国大医张锡纯
善用鸡内金化胃浊和体内淤积
处方里自有金色的誓言

我常用焦三仙和鸡内金断后
改善汤剂的味道,便于药汁的吸收
病人常说我的药不伤胃,易于入口

陈皮

像一封发黄经不起推敲的书信
口语里拥挤着过时的叹词
老长辈稳重、踏实,有威信
广东新会总有鹤发童颜

神医华佗乘船外出行医
偶感风寒,咳嗽剧烈
随身的药已用完
幸好岸边有橘林
和太阳会见之后
陈皮更是一路欢歌笑语

临床上多随二陈汤加减
和黄芪相伍,补而不滞
和山楂为伍,茶饮减肥

牛膝

这是大海也没能中止的
队伍,坚强时随时可以狂奔
来回穿梭于战国时期的《五十二病方》
有茎有节似牛的膝盖骨

河南郎中到安徽行医
收徒四人。将一把中药
传给了最小的弟子。每年盛夏
都会穿上鲜艳的服装。三年以上的
牛膝会动情地歌唱

我常用于腰膝酸痛的配伍:
杜仲、枸杞子、当归、牛膝
牵手血府逐瘀和二妙,能载药下行

延胡索

结束一堂数学课,幻想式的花语
繁茂,紫红里透着幽蓝
以油画的笔触描绘了
大地之雾和绿色之上的斑斓
金铃子散开启一段浓郁的旅程

老汉上山砍柴跌倒昏厥
苏醒时饥饿难耐,挖出了几颗
圆圆的黄黄的……
"圆葫芦"在村里传开了

讳宋真宗赵元休,改玄胡
讳康熙帝玄烨,改元胡
皇帝们惦记黑暗里蜉蝣的翅膀
是如何折断的,又续上

四逆散加红花、瓜蒌、延胡索、川楝子
能治带状疱疹和全身痛
大剂量的延胡索让失眠迷路

磁石

世界在缓慢地上升
你却成为了一座岛屿
堆砌着石头一般的心肠
如何能快意地写出"爱情"两个字

缓慢的步伐总是拖住
田园里的风浪。依稀的烟火气
轻拂《神农本草经》
喜欢自己的中品之位

古为磁。磁石乃铁之用
故能引其子
地球磁场和人体磁场相视而笑
叙述一段阴平阳秘的故事

磁朱丸在失眠里倾听
孝顺的左慈丸守着老夫人的耳鸣
细心的六味在石菖蒲和磁石煎出的
大海里行船,风平浪静

鳖甲

从来没有孤独过，有着
无形的手臂和脚步与世界为敌
它们是分开的，又是一个整体
有坚定的姿势，也有着妥协的个性

这样一副铠甲往来于水中
历经无数次战争
败于人类而献出
铠甲，于水下得阴气之精华
以坚硬面世，阴中抱阳

俩人打上来一条鱼精
李四要放，王八要留
李四用仅有的财富换来了鱼精的放生
贪婪的王八，被魔王一棒
把头打进了肚子里

夜热早凉，热退无汗
温病后期，邪伏阴分
青蒿鳖甲汤主之

香附

这一切非源于坚持
而仅仅是源于宿命
外表温和,心中永不妥协

田间地头的"恶草"
老百姓眼中的"胃痛草"
黑色的外衣裹着雪白的肉体
手指在风中纤细

索索天生丽质,心地善良
嫁到黄河边。这里正闹瘟疫
索索无恙,丈夫也无恙
索索身上有股奇特的香气

索索给人看病的方法很特别:
脱去外衣,让众人围闻体香
丈夫受不了……

索索的坟头上长出了一丛丛的草
蜂也围,蝶也绕,叫它:索索草
李时珍谓:

气病之总司,女科之主帅

临床上,香附、郁金
总是手牵手,走过淤堵的河床

郁金

可否划出一条细细的分界线
让她们在百花园中能借此辨认
哪些是你们一直迷恋着的感性和清新

绿色的舞裙随风飘动
楚楚动人的公主举火炬把
事物燃成自己喜欢的样子。并非
从地中海来。从唐代贞观元年的
黄疸疫情中来。从《本草纲目》的
癫狂病中来。从李白的
《客中行》里来

混淆于一个美丽的少女
接受了三位骑士的追求：
皇冠变成了花蕾
宝剑变成了叶子
黄金变成了球根
那是郁金香，多是紫色的浪漫

不管郁金行多远
都要看看香附在不在身边
和郁金香相距太远

淡竹叶

我坐在山间

手在满山遍野摸寻

这个秋天的最后一枚叶片

清香飘然而至,你

成了我的一部分。山坡林荫处

总有几声低矮的绿色问候

陷于枯黄巨大的噪音

曹将张郃兵败阆中

退守宕渠山不出

刘将张飞一筹莫展,燥热难耐

诸葛孔明送去五十瓮淡竹叶泡酒

张飞破了山寨,大败张郃

从三国里来,我一直在说服

口干舌燥小便黄

配酸枣仁治夜半醒而不眠

还有,导赤散经常喊话三仁汤

地龙

我在路上看你们走过
就像看见一只只装满生命的车辆
摇摇晃晃。身边开满看不见的花朵
令人心驰神往,与死神擦肩而过

豪华的地下宫殿
来去自由,说一不二
柔软的蠕动,早已丈量过
地球的怯弱,只可惜了你念念不忘
愿者上钩

大宋皇帝赵匡胤小腿浮肿
小便少。太医们久治不愈
有位游医揭下了皇榜
从药罐取出几条蚯蚓
放到蜂蜜里,外敷,内服
病愈的真龙天子知道了
一个好听的名字:地龙

地龙常来到四物汤的地盘上
摇旗呐喊。大声地提醒

补阳还五汤别走得太急

晒干外敷治色素沉积、疤痕不除

丁香

戴望舒的《雨巷》
一个丁香一样地结着愁怨的姑娘
丁香一样的颜色
丁香一样的芬芳
丁香一样的忧愁

丁香成了江南的多愁又善感
我们面前摇曳的
分明不是一株植物

武则天嫌宋之问有口臭
虽才高八斗,未受重用
宋之问便常年口含丁香

再有古联一副:
农夫:水冷酒,一点,二点,三点水
贵族:丁香花,百头,千头,万字头

幽门螺旋杆菌见到丁香会低头
丁香柿蒂常结伴在呃逆里行走江湖

独活

熟悉的生活仿佛一些遮蔽
我肯定忽略过它们是谁
它们以何种方式影响我的快乐
森林中自有得意的雀欢

高个子,单薄的身躯站得很直
撑着无数把笨重的花伞
有风吹不动
无风独自摇
独自活在自己的世界里

九位郎中给大王治病
均被杀。一老者医好了大王的病
可谓是九死一生
岂不是:独活

祛风湿,通痹止痛
上肢羌活,下肢独活
千金独活寄生汤,为独活四海扬名

杜仲

杜老二高达二十米
把皮肤练成了植物的黄金
告诉叶子,竭力效仿藕断丝连的
风情。风中的弥漫和酒杯周围
我什么也没说,相见的朋友
多是点头致意

知道有纤夫背纤,积劳成疾
有一位叫杜仲的青年纤夫
上山找药,滑进了洞庭湖

尸体打捞上来手上还抱着
一捆树皮。纤夫们用来治好了腰痛
大家就叫它杜仲

腰痛者,我常用:杜仲、枸杞子、牛膝
崩漏者,常配伍:
桑寄生、川断、旱莲草、女贞子

龙骨

是一些骨头连接了过去、现在和将来
隔着门槛,天空大地和人间相互浸润
古代大型脊椎动物的化石
堆积成令人起敬的图腾

1899 年,北京的一位医生
为一个疟疾患者处方"龙骨"
患者的家主发现骨头上有很多的划痕

他买下了药店里全部的"龙骨"
甲骨文活了
三千四百年前的那段人类的文明

汗出、失眠,桂枝加龙骨牡蛎汤
阴阳不和,上热下寒
可用龙骨沟通阴阳

牡蛎

百年沧桑,见惯了风浪
涛声让天边渐亮
去肉、取壳、洗净、晒干
冷静的外表下
惊涛骇浪的瞬间
人间的春天得以继续
没完没了的爱和伤害

善良的小伙子在海边救了姑娘
姑娘又寻找牡蛎为小伙子治病
一日滑进大海,被龙王所救
姑娘带回了上好的牡蛎种
自此,大孔山一带的牡蛎
又大又肥。成全了一段姻缘

镇静安神常与龙骨一起
软坚散结与夏枯草成双成对

浮石

本就应该把自己的犹豫
和周围的夜色一起沉下去
可是——夜色总是醒着
一遍又一遍地诵读《本草经》

肯定有繁复的心事
曾经的热烈过往为何如此的冷静
其实,美妙的灵魂早已燃尽
仅剩的一点躯壳交给郎中吧
清肺化痰,软坚通淋

长白山和天池记住了那久远的喧嚣
王柱和天柱两兄弟吼出的劳动号子
驱赶一些事物无法躲避

我自拟的"结节、囊肿通用方"
常用一组药:
昆布、海藻、浮石、牡蛎、夏菇草

浮小麦

一颗麦粒穿过我
像风穿过树林
昂起的头颅伤害了众神
没有再完整地走下去
干瘪的身躯见惯了丰满
早已沉入水下,梦里
摇曳成另一片花海

郎中随手抓了一把干瘪的
小麦。意外治好了盗汗
小麦的饱满总是想入非非

钩藤

栖身于大型的棚架、绿廊
在关于阳光的对谈中
一身绿色引起轻微的叹息
勾住过往的岁月,世界的速度会变慢

须角必会传递《红楼梦》的故事
薛姨妈肝气上逆
右肋作痛。宝钗用钩藤煎了
一碗汤。谁会轻声发问啊
连阳光都会痒痒的。圆圆的球
会在太阳穴上滚动

肝阳上亢,我常用天麻钩藤饮
没有一个错别字会出来较真

枸杞子

疲倦的微笑肯定会挽救
那倾斜的夕阳，充填眼前的
空虚。饱满的一生露出明亮
缺口处已不见唐宋的江山

红色的星球在杯中浮沉
告别杞人忧天的故事
想大块吃肉，大口喝酒
夜深人静的时候正好顺水漂流

青年农夫狗子娶妻杞氏
丈夫从军十年回
家乡饥荒，田园凋敝
可母亲妻子面色红润
妻子告之：上山采野果为生
乡人纷纷效仿之
称之：枸杞子

杞菊地黄丸明目之后，看
五子丸在烈日里来往穿梭

骨碎补

别看它个头小
撇开皮肉只往骨头而去
远大理想正好由一个人撑着

唐高宗狩猎伤腿
太医们多次治疗无果
高宗悬赏全国
民间郎中带着一把草药进宫
内服外用,高宗伤愈康复
赐名:骨碎补

我常用的药对:补骨脂、骨碎补
在颈肩腰辨证用药时加用
遇到耳鸣,骨碎补和王不留强强联手

瓜蒌

绿叶伸出手掌的诚意
在收窄的秋风里
捧出了金黄色的果实
交给芸芸众生
房前屋后的痰热咳嗽
从《诗经》中来——果臝之实
又入《吕氏春秋》——王菩

樵夫多梦,仙人指引
入洞中摘瓜
乡人多种植,造福乡邻

我常用配伍治疗各种疼痛:
红花、瓜蒌、延胡索、川楝子
痰热咳喘,小陷胸汤跃跃欲试

藿香

一米左右的个头
绿叶紫花,芳香四溢
低调的叶,圆筒形花序
穗状之朵借半城的雨雾
和自己对峙,只求出类拔萃

东汉,一个叫藿香的姑娘
上山为嫂子采药治病
被毒蛇咬伤,不治
嫂子的病好了。藿香进了《异物志》

外感内湿,我用藿香正气散
体重困乏,我用四逆散加
藿香、石菖蒲、陈皮

金钱草

虽名为草,倒影里,另一片斑驳
常与豹子联系在一起
圆形的图案,豹子也喜欢
草叶形如"铜钱",浓荫里
构成回旋的曲线,一不小心
就会飞出去

丈夫患腹部疼痛
高热不退,撒手人寰
郎中剖开患处,有一石头堵在胆道口

妻子将这块石头带在身上寄托思念
一日上山割草,石头化去了一半
郎中得知,大呼:胆石病有救了

金钱草、海金沙、金铃子、鸡内金、郁金
我常"五金"相伍治疗各种结石

桂枝

桂枝像一个妙龄女子
我会带着她到处行走,带一朵花
去拜访另一朵花,像带着城市去拜访家乡

麻黄汤和桂枝汤
《伤寒论》的两大主方
八面玲珑的桂枝总是笑容满面
回望肉桂的幸福溢于言表

有个病人经常梦到过世的亲人及鬼怪
常被吓醒
老郎中开了两味药:桂枝、甘草
孙儿不解其中奥妙
老郎中便上演了一曲半夜开灯、关灯
阐明:桂枝譬如心火也
至于"桂枝亭"的剂量之玄
吾辈当胆大心细

临床上治疗失眠、汗出
我常用桂枝汤加减调和营卫
也常在滋阴药中,用小量肉桂
于山门处探头探脑,引火归元

红花

我总在梦里把清晨敲响
想到那年的庆功表彰
想到参加典礼仪式的嘉宾
一朵大红花像一座隆起的峰顶

红花之红,血液之红
红色,从人体游出长江黄河
一张特别通行证,人世间有不一样的轰鸣

这里的红花不愿上主席台
一生涉过的山水,都被带到这里
交给郎中行气活血

一位窈窕淑女月经不调
忧郁成疾,不治
死后变成了红花
西汉时起,专治女性疾病
宋代名医陆翳,用红花十斤
煎汤熏之,晕厥产妇死而复生

月经不调,桃红四物汤

默契地把雨水藏在身后

冠心病可用小剂量红花助阵：

赤芍、红花、丹参、川芎、降香

滑石

真的滑吗

能像滑雪、滑冰那样

以最小的摩擦力,换来心怡的距离

柔软的滑石可以代替粉笔

行出你心中美妙的轨迹

金元时期,刘完素揭榜

为丞相看病。诊为:暑湿

开方:滑石六两、甘草一两

"六一散"被李时珍记录:凡人之仙药

我善用的三仁汤。瞅一瞅

滑石,在一片白云上滑翔

卷三　整体观念

整体观念

从《内经》里抽身出来
我的身上披挂整体观念

给葫芦里的方药
贴一个标签：整体观念

给治愈的病人
贴一个标签：整体观念

让单个的星星在
天空成片，缀满人类的目光

一条河的宽广，一条溪的狭窄
都亲切地抱着水的至柔

小溪流里有大河的影子
奔跑时可以击穿岩石，夺路而出

大河里有小溪流的灵魂
有时平静得像温柔的蓝花布

一棵树的高矮淹没在
郁郁葱葱的森林世界

一枚落叶的枯黄紧贴着
他们在风中集体的姿态

经络

十二正经,奇经八脉
十二经别,十五大络
万千气象的河流四通八达
两千多年的深不可测

我们的先人,清心寡欲素食
潜心修炼,四周静寂
直至鹤发童颜,内景返观
听不见风雨雷电
看不见尘世纷扰
突然间,无数条河流在体内呈现

大河,小溪,沟渠
从脏腑到体表,阡陌纵横
在每一个有需求的地方
河流都安排了码头
岸边有水井,四周绿树成荫

如今,我常坐在河边,练习姜太公钓鱼
有时也从井里取水,甘甜养心

穴位

七百二十口水井
分布在经络的岸边
古人用砭石开凿
今人一直饮用清冽的甘泉

倒映着五脏六腑的
欢乐和悲苦。无形之水
源源不断。泽被世间干涸的禾苗
还有饥渴难耐的人

"阿是",一派豁然开朗的表情
在古代总是写成少男少女的名字
爱与不爱,把心里的话讲给你听
一根银针可以贯通古今

我常常修缮,并在井旁栽树
《灵枢》不断有善意的提醒

华佗

一千七百年后,华佗的故乡亳州
五禽戏被列入国家级非遗名录
虎、鹿、熊、猿、鸟很听话
穿越历史,在今天城乡的广场上
把五颜六色的人类驯化成自己的模样
人类嫌自己跳得不像,跑得不像
爬得也不像。恨不得自己真正地变成五禽
从灯火阑珊处遁入深山老林

"外科的鼻祖""外科圣手"
一剂麻沸散,让世界喝下
从此便可以开膛剖腹,荡涤泥沙
东汉末年以来,唱滚滚长江东逝水
浪淘尽,千古风流,不见了《青囊书》
弟子吴普年九十有余,著《吴普本草》和《华佗药方》
传说尚有一弟子至今仍然存活在世
只是不知道其云游何方。人间每有大疫
便会相赠华佗的灵丹仙方

我行医几十载,患者送我锦旗无数
也有几面,上书:"华佗再世""元化重生"

董奉

寻找那片杏林
跋山涉水
我坐在杏林中,阳光雨露
不只是张嘴,等待那一颗硕大的
杏子止咳化痰。剥开杏子
大医董奉端坐如初,鹤发童颜
挥手一片彩虹落在人间

东汉末年的"建安三神医"
董奉排第一,华佗排第三

董奉给百姓看病不取分文,但有规矩:
重病者植杏树五棵,轻病者植杏树一棵
杏子成熟,需要者,拿粮食来自行换取
董奉再把粮食施舍给没饭吃的人
当年的庐山脚下,十万杏树成林

"杏林始祖","杏林春暖""誉满杏林"
"奉在人间百年,其颜色常如三十许人"

皇甫谧

一根银针，出自甘肃灵台，腾挪世界
《针灸甲乙经》横空出世
从此人间多了一位"世界针灸鼻祖"

东汉、曹魏至西晋，社会动荡，环境险恶
皇甫谧选择终身不仕，潜心修学，著作十余部
成就了他的医学、史学和文学

《黄帝内经》："脏寒生满病，其治宜灸"
针灸一路走来，遇到了皇甫谧：
《针灸甲乙经》历时二十五年
共十二卷一百二十八篇
描述了349个常用穴位的具体位置
对穴位进行了统一的命名

皇甫谧患有"风痹疾"，饱受疾病折磨
他攻读医书，以身试针，治好了顽疾
"风痹疾"走了，"针灸鼻祖"来了
"针灸甲乙经"如今风靡世界

玉屏风散

百鸟朝凤

牡丹朝阳

把风和阳光掺合

做了一面蜻蜓的翅膀

闪电无数次捅出长枪

六淫裹成了一枚枚重量级的炸弹

你轻轻地挥挥手

便化解了,天地无恙

正气存内,邪不可干

我深知,玉屏风散是《究原方》

精心设计的一个距离

黄芪白术防风一直守在吊桥旁

失笑散

每次我都以欣喜的心情

在准备好的白云上

刻画它的模样

每次都有一个年轻的白驹

敏捷的身姿

把我带进春风里

五灵脂和蒲黄

是怎样的一种机遇

结识于宋代的《太平惠民和剂局方》

一位富家的千金,出嫁前

痛经不已。一蔡姓郎中经过

从葫芦里倒出了一勺褐黄色的粉末

愁云立刻散去,阳光重新回到了

800年前初秋的那个早晨

如今小路依然在花间熟悉地蜿蜒着

一切恍若当年的笑容

保和丸

从《丹溪心法》迈步出来
你很不自信的样子
渴望被理解被赏识
白天经历的,或者幻想的
山路逶迤徘徊。夜深了
在满书架的阅读里
你的头低成了故纸
《黄帝内经》和《伤寒论》
在仔细地查验金元四大家

我们都是些天资庸常的人
围坐在一起努力微笑
然后把笑掺合到一起
制成了一朵小花,颜色不是很绚丽
也不喧哗
故乡的河水静静地流过
和故乡浅色的草木站在一起
特别的般配

八正散

我们是笨拙的
我们的路是笔直的
把小路都藏在了身后
把弯曲放在云雀的歌声里
明明白白的歌词
云朵和树木都躺在水面上
我经常散步的人工湖正襟危坐

我早有准备
涂抹黑暗有多时
把早醒的鸟和发亮的风
添入涂料
画一个太阳放在地平线
一边是江河入海的催促
一边是怀抱石头的沉着

一个正字风吹不动
八个正字就像过山车一样
为人体所用
湿热只好跪下请安

五皮饮

是何人将五张皮

铺成了一方天地

草木茂盛，牛羊成群

一汪泉眼收纳了天上的星星

一条水渠流逝了众人的高谈阔论

草木紧贴着地表

虽然是被流放的旅程

幸好，遇见了明代的《证治准绳》

一路小跑。告别了那个眉头紧锁的人

陈、茯、姜、桑、大腹皮

开创了一个春和景明的天地

读书人，茶饮中

安抚了一万个水肿的悸动

淮小麦

小麦，犹如我生于江淮之地
再普通也把沉甸甸托举在
金色的秋阳里。轻描淡写之中
宁心安神。怀念
浮小麦半途夭折但也事业有成
用止住的汗书写人生

长大成熟的小麦
更懂人情世故，把话说到心坎上
金黄色的安宁
作为五谷入药的大礼
摁住了人间的烦躁不安，许一次悲伤欲哭

甘麦大枣汤出列
迈着整齐稳健的步伐

火麻仁

一果实,一世界
把嫩绿的叶子,淡黄色的花
抛在脑后。一个火字
烙出淡淡的麻点
镇住了与火有关的燥邪

晚秋时刻,这枚硬硬的火
将向火而战
广西巴马长寿村
壮劳力都是七十岁的老人
九十岁才退出生产劳动
——每天都要喝上一碗长寿火麻汤
待客的时候:请喝一碗汤

我常用的通便药组:
火麻仁、百合、苏叶

僵蚕

为了让更多的人在黑暗里

行路，有人准备着星星

浪费所有的激情吧

把怨愤留在幸福里

把幸福留在唇齿间

感染白僵菌而死的家蚕

把尸首交给郎中

息风化痰止痉

开始治愈了抽搐的鸡瘟

然后沿着《神农本草经》一路南下

无意中发现

有意中成药

降香

别看身材高大，一定有着不被理解的
黑暗。时时倾诉迎来了
植物界真正的白马王子

善与神仙沟通对话
忘记所有的比喻
有人在偷偷搬运着我曾经
迷恋的事物，青烟袅袅
仅有的下凡，乱了西王母的最爱

白居易喜燃香，饮用降香泡制的酒
"香山居士"浸染着每一篇诗词歌赋

望闻问切之后
降香仔细聆听你心底的暗语

银花

我对银花一向好感
想着她的清润善良
一如我的初恋,像一盏温暖的路灯
守着窗户,没有经历风寒

安静的时候总是静静地
守着我的安静
白的银子,黄的金子
金银相间,世间难全
一蒂双花,雌雄相伴
两条花蕊探出天上人间
与你书轻颤的喜悦

我喜欢用金银花
无论是寒证还是热证
处方的时候她总是站出来
我有养在阳台的一杯茶

金樱子

一个人究竟能走多远
我一直怀疑盲目奔走的价值
天空啊
向一株植物敞开

金色的皮肤像极了樱桃妹妹
满山遍野的摇旗呐喊
酣畅淋漓,把一壶酒
喝成了地平线温暖的朝阳

兄弟三人。老三得子
可这孩子从小尿床,百药不治
一老郎中治好了孩子的病
葫芦上系着金黄色的缨穗
取名:金缨。而后:金樱子

临床上常有的故事:水陆二仙驾到
看你招,还是不招

荆芥

时光被挤压着发亮
从假苏到《吴普本草》，发出
淡淡的薄荷草的芳香

道士李鉴种在自家的院中
韩愈感冒头痛发热久治不愈
道士推荐了荆芥
刘禅手上经常有皮疹
诸葛亮推荐了鲜荆芥捣汁

我常用荆芥防风配对
风邪偏盛的盗贼总是行色匆匆
然后，就有这么多的人
把蓝天白云挽在手臂上

九香虫

这么多在黑暗里闪烁
天空向你敞开
密不透风的生活
带刺的阳光为每一个醒着的麻木
针灸。夏天不需要过度的抒情

曾于窗台上捉一虫放于窗外
手指染上的臭气半日不去
我真不明白
就这,还叫九香虫?

也许我们都患有鼻塞
唯有仓廪之官通透事理
早就设下了简洁的鸿门宴

用酒泡制的叫酒香虫
胃痛甚者,我常配九香虫六克

女贞子

小区里多香樟、榆树和栾树

仿佛整个天空都围拢了过来

把不能合拢的庭院

围成了一个大灶台

中草药里有三份爱情

一份给了女贞子

一份给了当归

还有一份,有许多中草药举手

我常用二至丸滋肝补肾

枕着女贞子装的枕头

喝着女贞子泡的酒,抱着一杆如椽之笔

把中药的爱情写进诗歌里

桔梗

坐在山坡的人
不一定刚好是他自己
桔梗的足迹遍布全国各地
和各种草木点头
很随和，一起哼唱《桔梗谣》

我儿时采过桔梗
去除黑色的泥土
洁白的身子，结实的根留在了
李时珍的《本草纲目》

叫桔梗的姑娘爱上一个男青年
男青年到远方学习仙术，久未归
桔梗姑娘每天站在村口
把自己等成了一株淡蓝色的小花

我却总想把桔梗许配给甘草
门当户对。芍药因此意见很大

杏仁

小时候门前有棵杏树
和梅雨一起落下来的
还有我们乱七八糟的
小脚印,把灰暗的季节照亮

穿着厚厚的衣服
先果肉再果壳,杏子在黄叶里
挣扎,想挣脱所有的世俗
李时珍说,能降气止咳平喘

明代翰林学士辛士逊夜宿道院
梦见黄姑传授秘方:
早上食杏仁七枚,可延年益寿
果然至老心力不倦

我平素喜欢用三仁汤和
麻杏石甘汤。苦杏仁都会笑着
走进一个蓝色的港湾

菊花

那些年本地公园常有菊展
各种造型像大地的嘴唇
从一面镜子里浮现出来
喃喃低语里。在深秋
有星星的轰鸣。每一次快门
都有温暖的停顿。把清风热平肝阳
巧妙地放生

人类始祖伏羲寻找菊花为女娲治眼疾
儿子有熊上了天庭,被天帝招为女婿
天帝给女儿的嫁妆里安排了菊花

三千年的栽培让花中的君子
触碰到身下的冷块。身旁的书
日日朗声"采菊东篱下,悠然见南山"

我常用葛根枸杞菊花制作茶饮明目止痒
也常用桑菊饮治风温初起低热咳嗽

昆布

常混迹于海带之间
浸泡在被忘却的
存在中，模糊了自己的身份
其实早就被隔离在时空的
不同角落里

鲸鱼产下小鲸后
会大量地吞食昆布
然后从尾部喷出污血
小鲸就会贴到妈妈的身上吮吸乳汁

渔夫受到启发，采回大量的昆布
给产子的妻子食用
排除了污血，乳汁更为丰沛

海水中光线的脚步是犹豫的
"海带蛋汤"中可能是海带
也可能是昆布，食药同源
姑且不论它软坚散结了

莲子

妻常用莲子熬粥

百吃不厌

出淤泥而不染走下神坛

有轻微的失重感

绿色的碎片带来的温暖

抽掉它们的轮廓,留下的致密

坦诚以待人间的繁复

仙女住在美丽的莲花里

把莲花结出的果实送给

乡亲们治病。那些浑圆的线条

有着想不到的巨大空间,连着每一扇

透着星星的窗户

莲子本为吉祥物

过去送给皇帝和贵族

目下只是我处方上的一枚精致的刺绣

送给我的病友

龙葵

你会不会有轻微的失重感

繁复的思考像一个老人的停顿

无数次的停顿连成了

一根细线,一个龙字,危险而沉重

有人说你不太稳重

无外乎你一路走来

千姿百态,神采飞扬

从绿色的叶,到白色的花瓣

黄色的花蕊,再到黑色的果

油亮的声调满山遍野

黑色的果常故作姿态:

我多么的像龙的眼珠!

往下的线条该如何组合啊!

还能和山河重叠或交错吗

其实,我基本看不见这条线

只在临床上配伍白花蛇舌草

治疗咽喉肿痛有奇效

龙眼

龙眼,桂圆
佳果,美味

古时候,福建沿海
有条恶龙常兴风作浪
毁坏庄稼,糟蹋房屋
有一个叫桂圆的少年武艺高强
备了牛羊肉和酒
乘恶龙醉酒挖掉了龙的双眼
恶龙死了,少年也重伤不治

一幅简笔画,有着太多的
无法充填的空白
于是,这圆圆的果实
叫龙眼,又叫桂圆

鹿茸

也残忍。未骨化密生绒毛的幼角
尚未顶天立地奋勇一击
就有人拿来了锯子
伸进大海的断堤上
一个单词退出了它的惊涛骇浪

身体内缺少阳光
常常阴云密布
需要这么个毛茸茸的童年
用童谣驱散老谋深算的乌云

每年再生,前仆后继
为了累到的七仙女
奉王母娘娘之命开凿天池

我常用立效散加减治疗寒性筋骨痛
鹿茸十五克把舞台烤得很热

麦冬

小而精致的羞怯把
阴影和幻想一起重叠
抓一把在手里,低调得
像海滩的沙子,都能拎出水来

田间地头,房前屋后
麦冬很顽皮
面对铲除总是笑眯眯地捉迷藏

常和吊兰穿着同样的衣服

大禹治水成功之后
丰收的粮食供一些给河神
河神高兴了,就在河边投了一种草
麦冬又叫"不老草"

常和射干配伍,排痰
麦门冬汤治咳嗽,附子站在近处
引火汤中的麦门冬更是笑里藏刀啊

玫瑰花

玫瑰花也入药？
这么好看的花给人看看就行了
如果真的要入药
那也是让人美丽的药

大自然安排得妥妥当当
玫瑰花疏肝理气，祛斑美容

汉武帝的玫瑰树引天下翘首
唐朝翠屏山的玫瑰哪里知道
南宋杨万里对《红玫瑰》情有独钟

玫瑰带着爱和美丽在旅行
世界因此铺开成千上万的轮回
欧美十四个国家的国花
英国的王宫、法国的玫瑰园
大量美丽的传奇
跳上《玫瑰图谱》向前奔跑
过了幽暗的桥和吱吱作响的楼梯
傍晚的渡口别了燃烧的痛楚

我不读《玫瑰圣经》

只读陈先发那句"脏水中的玫瑰"

诗人愿成为那一汪脏水

玫瑰一直在燃烧。为了寻找碧水

必须在夜里穿过沼泽

旱莲草

旱莲的汁液如墨
可我从没有拿来书写佛经
果实像小小的莲蓬
要说的秘境都在里面

唐朝人刘简爱慕仙道
访遍名山大川
幸遇"虚无子"百岁采药老人
传刘简服用旱莲
简也活百岁以上,发不白,耳不聋
还能看清书上的小字

奶奶常用墨旱莲和侧柏叶捣汁洗头
临床上我常用二至丸滋阴补肾

麦芽

每个生命的状态都于世有益
淮小麦，浮小麦，生麦芽，炒麦芽
一路走来，念念不忘众生的病苦
让自己的生命在浸泡中繁花似锦
生麦芽化积，炒麦芽回乳

宋高宗的儿子赵琢患病
浑身无力，茶饭不思
许仙和白素贞开了一方，药到病除
还留下了麦芽的制作方法

临床上我多用于积食和回乳
从处方里拉起一片故乡的湖水
安排好每一个故乡的倒影

丹皮

花开得艳丽

根也不能闲着

向世人展现它清热凉血的一面

古时有一织绸高手刘春

织出的花儿开了

织出的鸟儿飞了

县太爷的女儿要出嫁

令刘春月内织出二十四条镶有牡丹的被面

刘春从未见过牡丹

幸遇牡丹仙子

刘春随仙子而去,留下了两只药瓶

瓶内便是牡丹皮,齐刷刷地站成一排

听瓶外的动静

临床上丹栀逍遥散里常有

牡丹皮矫健的身影,在青红色的跑道上

蒲公英

经常是这样,在野山茫然地走着
栖身于奇怪的想法
其实分不清身边移动的
是我在飘,还是你在走

天上的云朵自在地俯视
哪里是心安之地啊
把诗情画意折叠成清热解毒
每一次沸腾都饱含热泪

古时,有位十六岁的姑娘得了乳痈
乳房肿痛,羞于开口
母亲以为未婚的女儿做了什么丑事

姑娘又羞又气,投河自尽
幸遇打鱼的蒲姓父女
女儿小英还采药治好了姑娘的乳痈
姑娘给此药取名:蒲公英

一味蒲公英,功同丹栀逍遥散
我还有黄蒲泻心汤治疗胃炎糜烂

煎水洗眼,治眼痛眼痒
这四处飘散的是低眉的菩萨
还是夜游的神仙

木瓜

我必须赞美。赞美你成为我的
顺藤摸瓜。好大的一棵树啊
木质的瓜,任由宣城四处走动
且不说卫国与齐国
"投我以木瓜,报之以琼琚"
且不说安禄山把木瓜扔向
杨贵妃肥硕的乳房
只说在某佛寺的木瓜飘香里
克烈氏生下了忽必烈

一个木瓜里的王朝从草原走来
带来的风声常与威灵仙为伍

牛蒡子

这大象的耳朵被老牛看上
一顿饱餐,拉犁更有劲
大地深深的沟壑,没有一点血色
只落下了几颗星星在检视自己的童年

老农拔出一棵剥去根皮
生脆可口,神清气爽
全家人正好用来充饥
老母亲失明的双眼明亮了
小儿子的脸色也没了土黄

民间喜用牛蒡子煲汤
消风散翘首以盼,我得瞅准风向

芡实

绿色的绸缎平铺在水面
带刺的想法之下满是柔软
要经历一次轮回,一切才会回来
包括它,也包括我们的石头

像鸡头一样露出
像大米一样白
鸡头米,一场我们能够明白的庞大电影
水中人参总是徐徐地启动

从前有个寡妇采来充饥
救活了婆婆和儿子
苏东坡食芡实养生的习惯被
曹雪芹炖了一碗"大蚌珍珠"

我常用金樱子、芡实相配
尿频浊结束了一场曲折的因果

羌活

这里的绿色太浅
一不小心,野山坡就露出了
一个流浪者的前世今生
褐色的根茎和淡黄色的小花
在半路相逢。《神农本草经》作了
独活的别名

唐代刘师贞寻药
为其兄治风湿顽症
刘得梦:胡王使者浸酒可愈
刘不得其解。亡母又托梦:
胡王使者即是羌活
以羌地和胡地为佳

羌活、独活原本一家
宋时,羌活清轻主上,独活味厚主下

全蝎

它照顾着一座空荡荡庙宇的寂静
一边接纳越来越陈旧的瓦砾,一边安抚

空悠悠的风声。一个毒字
镇住了所有摇晃的鬼影

经常与蜈蚣为伍
寻觅光明正大的出路
《蜀本草》手指的方向
演一曲通则不痛的好戏

不去说"蝎子太守"
也不说货郎喝了一壶陈茶
我只用蜈蚣蝎子息风止痉
还有,麻黄、附子、细辛加
蜈蚣、蝎子治好了友人的高血压

砂仁

过分的气味,斟得太满
就会溢出。漂亮的曲线
突然收窄,在尽头有一条
精致的小路扑进花丛

经常在饱餐后胃胀嗳气
我常服香砂六君子
砂仁后下,一股香气

袅袅娜娜，无色的小路在云外流淌

古时候，广东的阳春县发生牛瘟
十栏九空。唯有蟠龙金花坑的耕牛
头头强壮。牧童说：
金花坑有一种叶子芳香浓郁
其果实就是砂仁

砂仁鲫鱼汤、砂仁煲粥
均可醒脾。一缕阳光穿过
溪水边的清晨。新的轮回正迎面扑来

山茱萸

这植物的果实终于翻到了
红色这一页。很多诗句散落在晨雾里
远看像枸杞
近看才是山茱萸

春秋时期，赵国的一个药农
进贡了山萸——"山间的红果子"
姓朱的御医用山萸
治好了赵王的病
赵王赐：山茱萸

六味地黄丸中的山茱萸门庭显赫

新的发芽牵着一切上升

陌生的国度有了新的攀援

山楂

童年的轮廓总是在山楂面前

一丝不挂。我喜欢用山楂

我力量弱小,总是在面对病人的痛苦时

喊来了我的故乡

童年采过山楂

吃过山楂,酸甜可口

"东方红果"名不虚传

裹着几层红红的小故事

一位老人发现了这红红的果子

治好了小孩摔伤的腿

一个年轻人为了给对象治病

熬制了一种山楂酒

唐玄宗推崇的"棠球子"

治好了杨贵妃的腹胀腹痛

我常把山楂或焦山楂安排在
处方的结尾,大声地吆喝像一道道鞭子
在空中啪啪作响。门开了
看风卷残云,还酸酸的甜甜的

蛇床子
有了这味药,处方上的寂寥是看得见的
其叶清脆成一种特殊的香味
可当菜蔬。无论如何它要把
白色的小米粒一簇簇
举过头顶,喂饱饥饿的风和云

古时候,村里流行一种怪病
皮肤长疙瘩,奇痒无比
一位郎中路过,告知村民:
岛上生长一种药,可遍地是毒蛇

蛇以这种草当床
我用蛇床子、地肤子、枯矾煎水
外用,治皮肤瘙痒

射干

射干，这两个字从口中喊出来
有些踉跄。速度留下一连串省略号
看不见吹过的风
射箭，抑或架着高射炮

蝴蝶型的小黄花
衬着向外伸展的绿色手掌
茎长而硬，如竿射入
清热利咽消痰只是一场夏日的故事会

哪里射来的竿子吆？
衡山脚下那位樵夫砍柴为生
家有老娘双目失明
一日樵夫感冒，咽痛乏力，上山晕倒
饥饿中摸到了身边的那根竿子

我常配伍麦冬使用
对付粘痰难以咯出

伸筋草

这么多的花草在招呼你
用你的画笔重新拼合
我们曾经伤害过的世界
狭窄的扭曲会走向舒展的辽阔

其实没有伸懒腰那么简单
还要辨证施治,处方
还要配伍
还要煎煮,武火、文火

用四逆散加淫羊藿、伸筋草
治疗腿抽筋,删除那场风暴
留下了时间地点人物故事

石菖蒲

草木呈放射形,它在容纳
越来越多的理解。而我总局限于
山沟流水砾石,和山清水秀一起
沦陷在多情的岸边

李时珍冠以"蒲类之昌盛者"
文人墨客以花草四雅之一
点缀在水涧石头之间

石菖蒲在苏东坡的五十多首诗里
竖起的每一面旗帜
总是在每一个挫折的尽头

汉武帝遇仙,告之:
石菖蒲可使人长生不老
皇家园林广为栽种

我常用丹参、石菖蒲、威灵仙
配伍治疗各种痛痒
石菖蒲、磁石煎水载着六味地黄
浩浩荡荡,向一个叫脑鸣的地方进发

石斛

丛生在石头上
状似皇家酒具
可有仙风道骨者凑齐一套
翅膀和云曲,把挣脱的夜晚
和着山风,饮进肚子里

过去,十斛的稻子换来的草药
治好了母亲的病
如今,母亲把石斛当成了边缘磨损的书
细嚼慢咽

月亮仙女将天庭的仙草
"紫楹仙姝"投于悬崖上
润泽凡间。雨后,群峰无声

石决明

那曾经的痛苦旋律

那蔚蓝的不羁之心

惊起的海鸥,潮起的烟火气

走廊的尽头总是有快意的呼吸

推着一层层的月色

收纳无穷无尽的风声

不稀罕鲍鱼的美味

却留下鲍鱼的壳——

捡回了一个响亮的名字

附石而生,去翳明目

翌日,还大海一个朗朗的晴空

柿蒂

一只壶盖掩住了宇宙
食道的上口像漂浮的阁楼
一扇窗户稳住了上逆的胃气
摁住了不安分的一年四季

我是在写柿蒂,还是柿蒂本身
完成了一个华丽的转身
渺小的胜利会掠过黄昏的屋顶
紊乱的气流在晃动里
斑鸠朝着夕阳直奔一个主题

卷四　辨证施治

辨证施治

这条路上的每一块砖都有
黄帝的签名。汉字也无数次
尝试着揭开辨证施治的盖头
只是每隔几百年才走出
八纲辩证,六经辨证,卫气营血辨证
身后又是一片迷离朦胧

治愈了这么多的病人
可我穷得只剩下这辨证施治
如果连辨证施治也没有了
那我情愿放弃我的执业,苟且偷生

爷爷有交待
把病人递过来的证候
放进清水里漂白
然后捞上来,摊到阳光下
一个一个地叫出它们的名字
然后再把它们的名字串起来
找到它们的出生地
它们的爷爷,爷爷的爷爷

爷爷们都有不同的嗜好

我已准备好了孝敬的礼物

譬如，头昏、头痛、舌红苔黄腻、脉滑数

当清化湿（痰）热，温胆汤主之

譬如，咳嗽、黄痰、舌红苔黄腻、脉滑数

当清化湿（痰）热，温胆汤主之

譬如，咳嗽、白痰、舌淡苔白腻、脉浮滑

当温化寒湿（痰），小青龙汤主之

阳光下，这同病异治，异病同治

正是我和天公下的又一盘大棋

君臣佐使

方子里开出了一群鲜活的人
给它们一个像样的组织吧
组织一起像样的攻势

给君王应有的待遇
队伍的前头总是豪华的服饰
高处的挥手铿锵有力

给臣子安排好位置
不行三拜九叩大礼，但必须
听从君王的指挥

至于佐者和使者
调和各方，化解矛盾
煎煮过的喊杀声漫过六淫七情

《神农本草经》集体宣誓效忠
君臣有序
其实黄帝、岐伯、扁鹊、华佗、张仲景
还有李时珍，他们早有谋定

煎药

水与饮片，饮片与饮片之间
激烈冲撞的江湖
沸腾一直在搅动阳光

祖宗规定的君臣佐使制造了
一连串的动词
摩拳擦掌飞出黑色的墙体

思想之力无数次抬头看远方
焦虑，多么动听的鸟鸣啊
放几滴，代替生姜大枣

一张痛苦的脸
在故乡的大湖里若隐若现

孙思邈

长髯飘飘,道骨仙风
寿 142 岁。理想中的境界
可否借我一程一起登临五台山
诵读《黄帝内经》

唐代孙思邈著《千金要方》《千金翼方》
后世称之为"方书之祖"
中国最早的医学百科全书

"人命之重,有贵千金
一方济之,德逾于此"
孙思邈的两部著作均冠以"千金"
从基本理论到临床各科
理法方药齐备。首创妇科和小儿科
续上了自张仲景以来的临床经验和
百年的方剂成就,还发明了"阿是穴"

孙思邈不分"贵贱贫富,长幼妍蚩
怨亲善友,华夷智愚",普同一等
"大医精诚"泽被后世
吾辈常常宣誓并践行——

医德高尚,医术精湛

孙思邈通晓养生:
心态保持平衡,不要追逐名利
饮食有所节制,不要暴食暴饮
注意气血流通,不要懒惰不动
生活起居有常,不要违反规律

李时珍

只要我屏住呼吸

李时珍就在采药，就在翻山越岭

他从《本草纲目》的第一页采到最后一页

又从最后一页采到第一页

明朝至今，千万个李时珍

一直从我的书橱采到山上

从湖北蕲州采遍全国各地

叮叮当当的声音，一直是我

研读医书的最好时光

三世行医。告别太医院之后

"考古证今，穷究物理"

参考历代医药书籍 925 种

记录札记上千万字

历经 27 个寒暑，三易其稿

于公元 1590 年（万历十八年）完成《本草纲目》

192 万字。还著有《奇经八脉》《濒湖脉学》

《本草纲目》收录药物总数达 1892 种

绘制插图 1109 幅

附方 11096 个——

析族区类,振纲分目
物以类从,目随纲举

英国生物学家达尔文称《本草纲目》:
中国古代百科全书
李约瑟翻了无数遍《本草纲目》

其实我每天都在誊写《本草纲目》
累了,我就上山采药。终会在一山泉边
觅得一株神药,遇到一位白衣道长
授我一诀。还想亲口尝一尝性味归经——
我面对这呻吟着的病人

叶天士

"请叶天士看了,死了也心甘"
大医叶天士声望极高。康熙帝:天下第一
祖上新安医学,三十成名,一辈子忙于看病
新冠疫情嚣张时,我曾请出叶天士
多次与之畅谈,方拟"固若金汤"

叶天士,江苏苏州人,祖籍安徽歙县
清代名医,"仲景、元化一流人也"
著《温热论》和《临证指南医案》
擅长治疗时疫和痧痘
在中国最早发现猩红热

他提出:"温邪上受,首先犯肺,逆传心包"
他把"卫气营血"辨证端上了中医人的餐桌
和八纲辩证、脏腑辩证、六经辩证一起
摆成了绵延古今的大席,招待八方宾朋
招待天地日月。喂养了中华民族
《伤寒论》弯曲的右肢
终于被叶天士和温病学派细心地捋直

叶天士"切脉望色,如见五脏"
拱拱手,X线、B超、CT、磁共振

牵正散

小区里,居民遛狗
拉一下,拽一下
完全颠倒了狗的世界
一根绳子细说因果短长
一起阴谋正在不远处的
《杨氏家藏方》中细心酝酿

附子僵蚕全蝎
也齐心搓了一根绳子
从风中穿过
系住了口眼歪斜的人间

乌梅丸

万物如满载之舟
半舱寒冬,半舱酷暑
半夜河水冲刷,半夜峰峦锦绣
风雨桥头,一颗乌梅照亮了人间的前程

世事难料
怎奈一个酸字也能主宰世界
从曹操的望梅止渴里走出
遇到张仲景,又安了一次蛔虫

我用于治疗顽固性的失眠
糖尿病和寒热错杂的肿瘤
所有的证候半夜加重,热中有寒
乌梅丸在一缕晨光里生克乘侮
追求阴阳平衡

水陆二仙丹

一对恋人漫步在草原
无边无界，日子里
无数次的日出日落
母亲收留了它们

今年、去年甚至更久远的山峰
山峰一样的事物在阳光下，一步步
把它们推敲、斟酌

今年、去年甚至更久远的河水
河水一样的事物在雨天，一步步
把它们打量、撮合

这样的二重唱岂是一个天籁
萦绕在仙风道骨旁。我下笔的处方
潮水涌起

布袋丸

把药丸装进布袋
行走江湖。摘一片树叶做拨浪鼓
摇动故乡的乳名。一直翻山越岭
在《小儿方论》面前停下脚步

经过热烈的讨论
终于可以昭告天下
一个孩子的疳积可以
放在光可以透进来的地方

有人说,可以把这个布袋
放进小儿的体内
装满日月星辰

代刀散

电视剧里带刀的侍卫
威风八面：圣上有旨
扫落山岭上枯黄的树叶
这该是一张气象万千的黄昏
刀光中竟是一张沉睡的脸

刀客的形象有时像崇山峻岭
有时像草原落日的黄昏
长刀短刀总是在风雨中寻得一线生机
如有可能，赶紧躲到彩虹的后面
有缺口的刀总是被刀客抛弃

代刀散好啊
几种草药的粉剂居然能耍出
天地间的刀光剑影

舟车丸

载了一船的云
拉了一车的雨
如此沉重的头颅
如此纤弱的手臂
是如何在家乡的大湖里
放下了宇宙的身影

复杂而甜蜜的风帆
在黑暗里破浪，朝着可以预测的
未来。深陷的车轴收窄成
力拔山兮气盖世

其实管不了突遭的晕眩
顺水而流，顺坡而下吧
甘遂、芫花、大戟紧握探雷器

华盖散

提供一个瞭望的机会
五色云气,金枝玉叶
止于帝上,有花葩之象
把大地缓慢地举成一个伞盖
这肯定是疼痛而漫长的
驾着春天,一辆车纵情地碾压历史

车停了,七味药从菩提树下经过
似曾相识,不见了石膏和半夏
苏子和桑白皮一改往日的矜持
轻松入戏,穿过咳喘,在高处的伞下
打量摇晃的星球

鸡鸣散

鸡叫声起了
由内向外
今天有异样的神灵在暗处伸手
糖果一样的诱惑
不在梦里,有闹铃为证

月色已空,昏暗的草坪
准备去饱食朝霞的清新
一丝感动从薄雾里冉冉升起
保持住一滴泪水的形状
就是保持住了一生不老的太阳

成片的淤泥纷纷落下
总是带着一点顽固的药味
想治愈鸡叫里的沙哑

都气丸

打开栅栏
满山的野花和兽语奔腾而出
这里的山和泉水
终于交出了苦涩的声带
等待一个风向在萧条的
低音里死亡,然后复生

家乡的山以方言的延展之势
滑落下来。挡住了奔跑
以世界的苍茫一直尝试
抓住湖中的倒影,来偿还山的高耸
悬崖处的铃声

五味子让铃声五味杂陈
不知道六味地黄丸能否听懂

缩泉丸

大江大河不断地练习
缩身，像人间的柔术
至一汪溪水
至涓涓细流
至滴滴答答，岩缝里渗出
大千世界，江河海洋

无论多么小心
都有动植物的加入
当家乡的湖面被无限扩张时
母亲唤儿的声音总是把浪涛
拽了回去。把倾斜的我们扶直
我观察乌药和益智仁
努力练习缩小，再缩小
缩成一滴水的万分之一

酸枣仁

早已拉开了距离
为何又挤到了一起。这里有酸酸的甜甜的
一座岛。失眠的人在大海里

叫酸枣的女子怎么也没有想到
一捆柴火里蹦出的枣仁
治好了妈妈十几年的失眠

安神良药,"调睡参军"
西方人推崇为:东方睡果
大地沉默,星光闪烁

我常带着两粉两藤:酸枣仁粉、延胡索粉
夜交藤、鸡血藤,去拜访顽固性失眠

天冬

有一些风雪我们未曾经历
有一些寒冷也可能成为我们的生活
下雪的时候,天地苍茫
回头的闷热此时是细腻和不可知的
两年后,冬日的一场酒会

立在高处悬崖,淡泊的星星
牵着满堂的子孙
光宗耀祖的名分散落各处
交给长大后的一份请柬
能食能药,各显神通

天麦冬相处融洽,从不嫉妒

天花粉

不能止于绿色的手掌
张开的五根手指滋滋地
往外冒着风和阳光。那只小瓜是如何
由青变黄，俯视着脚下那片命名的
土壤

是谁在代替我想象
代替我微笑，代替我
凝视夏天的泥泞

天女散花成粉
眯了多少人的眼睛
可是梦里情人一样的温顺

瓜蒌的根，粗糙扭曲
可面对天花时疫能手握板斧
粉身碎骨之后又捏成了一个三字碑

本以为是美貌如花的姑娘
其实是五大三粗的莽汉

天麻

从长江三峡神农架走出来
通身发黄,玉树临风,无根无叶
喜遇蜜环菌,吃菌而生
把天赐的神奇捧出来
古时麻做的鞋,谁人适足至今

曹操头痛服用天麻丸
李隆基每天必服天麻粉
乾隆每天必喝天麻酒
曹雪芹的《红楼梦》常用天麻煲汤
尼克松访华时有道大菜——
天麻汽锅鸡。这些个天麻的欢喜
仍在月色里旅行。虽年代久远
处方之上我依然毫无倦意

临床上,各种头晕头痛
我必配用天麻,恰好的量,一剂见效

菟丝子

从地下伸出弱弱的小手
向世界讨要生活
淡黄色的语言没有完整的结构

阳光从来就不愿施舍
天生的瞎子和聋子拿捏世界
嗅觉能飞出十万八千里

心爱的人从哪个方向来
它就向哪个方向奔去
缠绕而生,飞舞于四周
听说:她喜欢那个豆科的小伙子

王不留行

霸气的名字深埋着一本古老的书
醒着的时候。它无迹可寻
世界睡熟的时候,它开花结果
它奔跑于群山之间

说是和刘秀王莽有关
其实我更愿意相信
一位丈夫寻来此果为妻子催乳:
"穿山甲、王不留,妇人服后乳长流"
虽有王命而不能留其行

行气活血化瘀在路上
路路通可作为随行的书童

威灵仙

我们的想法接近
细小的差别在于你能日行千里
我拿着上好的指纹当作望远镜

来自于威灵寺,脚步很轻
怕惊扰了虔诚的佛音
一生与风湿疼痛缠斗
只想默默无闻,还是惊动了仙人

老和尚放入香火中
与众生说,这是佛祖所赐
寺周遍种此药
给乡亲们治病,分文不取

临床上它总是把各种筋骨痛
拿捏得恰到好处,愉快地翻了个身

蜈蚣

棕绿色或墨绿色的
丑陋,以一百只脚的急行军
避开众人的诅咒

善于周旋于血脉经络之间
过关夺隘,止痛息风

用削尖的丑陋
击退了痰湿瘀阻

我常用蜈蚣、全蝎配伍
邀请四逆汤一起对付寒凝型高血压
阳痿时配用蜈蚣三条、肉桂五克

吴茱萸

紫红色的果实挤在一起
有点闷。谁在唱:人多力量大
浓烈的香味、艳丽的色泽
必然要成就一个人欢喜的情节

吴国使者献国中之宝萸给楚王
楚王不识
楚国一个朱姓大臣说萸是味良药
后来治好了楚王的腹痛
楚王有命:此萸就叫吴茱萸

我常用黄连吴茱萸治疗反酸
吴萸和藁本常行至高处
山顶上那个盘旋起伏的老鹰

五灵脂

寒号鸟说：我拉屎给你吃
你还能不吃吗
老中医说了，这是失笑散
治病要紧，活血止痛要紧

寒号鸟是很骄傲的
盛夏之际，羽毛丰满美丽
自鸣得意：凤凰不如我，我比凤凰美

秋末冬初，羽毛脱落
寒夜中：冻死我，冻死我，明天就做窝
白天有阳光：得过且过，暖和暖和

日复一日。寒号鸟的哀号
终于在一天夜里
被冻成了晶莹剔透的冰锥
留下了五灵脂巧妙地与世界周旋

五味子

现在想起来
我们之间的这条江
有一段美妙的拐弯
还有金色的沙滩。边缘生出
绿叶、红果、藤蔓
长长的攀援
把一串串红色的相思
递给人间,给远方一些线索

小小的一枚果实
阅尽了人间百态
酸苦甘辛咸,五味的旷野
攥紧了万种风情
从容面对,笑迎春风艳阳

放牛的苦娃病后被员外抛至荒野
昏睡中食用一种果子,五味俱全
苦娃活了。五味子认识了神农氏

孙思邈:五月常服五味子,以补五脏之气
我常用五味子敛阴敛阳敛血敛气
生脉饮的肩上总是有一根轻松的扁担

细辛

低调中总有掩饰不住的笑声
在早春的冰凌里穿行

只有两片绿叶
但有极其奢华的花纹
席地而生的花,避开了所有植物的目光
藏住娇嫩。细细的根,小小的辛味
谨慎地东张西望。然后很高调地宣布:有毒
细辛不过钱,成了一道门槛
豪饮的人站在门外倾听

胡老中医的徒弟用药粗心
酿成大错
后世便有了"细心"的嘱咐

吾辈切记,中医治病
当胆大心细。用细辛给小青龙点睛

香薷

叫一声"香薷"
就像在喊邻家的少女
柔声的应答是它紫色穗状花序

香薷姑娘美丽如仙
为治村民腹胀进山寻药
不幸跌下悬崖
天上司药之神感动,于村庄周围
布下了一种花草,香气扑鼻

长夏天感冒,我喜欢用香薷饮
加银花、连翘,就可以截住一段河流

小茴香

张开的黄色花序
像杂技中的顶碗
略施小计,发臭的肉也会满盘生香

清朝末年,俄罗斯一富商游西湖
疝气发作,腹痛剧烈
俄罗斯医生束手无策,请来一位老中医
一两茴香研成细末,服下痛止

临床上少腹痛,我常配伍小茴香
一生中的某些年
一年中的某些天
它们就像不凡的景色
把香味折射,从湖底返回

辛夷

这窗户，不能阻止雾的涌入
更不能阻止破雾而入的笔尖

窗外的玉兰含苞待放
像竖起的一支支毛笔
在冬天里饱蘸墨汁书写春天

很多时间我没有看到辛夷
我看到的只是含苞、开花、长叶
然后给我一个紫色的春天和
绿色的夏天

有个秀才患鼻炎
浓鼻涕久治不愈，想寻短见
靠这个花苞才松开了那紧锁的绳索

就在我的窗外
我想把诗呈给它
早已不见了踪影。绿叶更浓

玄参

人参的兄弟

分家之后,告别白富美

通体乌黑亮泽

独闯一路参路——

滋阴清热凉血

在宋代为避皇帝讳

改为元参

在清代,又为避讳

再度改为元参

玄参一气之下:就叫我水萝卜吧

旋复花

本和菊花长得差不多
但性情迥然不同
面目和善的骨子里却很孤傲——
诸花皆升,旋覆独降

花淡黄繁茂,圆而覆下
经常想着和菊花相遇
可高挑的个子又无法对视
低头探路的菊花

旋复花、赭石长配对使用于
肺气、胃气上逆
最近我每天都要和旋复花
打招呼。我胃胀、嗳气、呃逆
我问:你可认识金沸草

益母草

卑微的草也要为母爱歌唱
此生把孝心的故事
从植物界带到人世间

母亲生程咬金的时候
得了产后瘀血疼痛
程咬金偷学医术
采得一味药治好了母亲的病

妇女病无论寒热虚实
益母草都是一张特别通行证

泽泻

在浅水区摇着绿色旗帜
举着淡白色的小花
让阳光晒着幸福

翻卷着,喘息着,挣扎着
心有不甘,但还是被捉进了
处方里。这个名字你可认识

经脉掩在皮下
你轻轻地提起了闸门
湖区百姓的水湿轻轻拍岸
两岸有掩不住的青山

我常用泽泻、白术为伍
撑起了那些沉重的眼皮

刘寄奴

这棵草长成了一个人的名字
并且是一位皇帝
密集的小黄花实在可以有资本
招摇天下

南北朝时期宋武帝刘裕
称帝前曾率兵出征新洲
追击逃兵时，射中一条大蛇
大蛇逃走，留下了一地的药材
治疗金疮枪伤有显效
兵卒们便以刘寄奴命名之

我多用于妇女闭经痛经
并时常调侃：派一个皇帝来也

赭石

我已经消耗了很多的时光

自觉地和别的事物

始终保持着一定的距离

我属于颜料,在青春里跋涉得太久

我想画一个沉甸甸的山水

也想把自己涂成世界的模样

涂进风里,被光线轻轻地举到空中

没想到有位师娘患呃逆不止

丫环煎药时,错放进了赭石

师娘服后,呃逆顿愈

旋复花闻讯,拽着赭石,进了旋覆代赭汤

贝母

沙发边,有这样一盏落地台灯
洗白了我所有读过的书籍
把低垂的光种进了山丘林下灌木丛
一张网罩着川贝、浙贝、平贝、米贝、砂贝、新疆贝
经历一次次重逢、相爱和失之交臂

那位母亲生了三胎,均为死婴
吃了好心郎中开的贝母
生下了一个白白胖胖的男孩
从此,在郎中的湖水里
都有这个男孩的倒影
把折叠的人生咳醒

知母

顺着处方流淌的方向
你出来看我时,我都惊为
老母慈祥的目光,稳住了
我君臣佐使的队伍
仔细地听我训话

老太太无儿无女
经常上山采药为百姓治病
一日摔伤了双腿
被一个樵夫背下了山
俩人母子相称,相依为命
临终,老太太传儿子一味草药
名字就叫知母,清热滋阴
配上黄芪,张锡纯做了一个圆满的弹弓
十八个方子,方方命中

栀子

一边走,一边从树叶里挣脱出来
唱着《栀子花开》滋养了又一个毕业季

阳台上一直养了两盆
洁白的花,浓烈的香
埋了很多人的大陆,用一口锅
煮星星

把花朵举成了酒杯
天天期盼,有人来碰杯
喝上一口沁人心脾
是谁倒了这最后的一滴

清三焦的热,我就朝它招招手
常有丹栀逍遥散固定的队形

竹茹

多少朝代,文人墨客赞誉竹子的
高风亮节。郑板桥更是把自己
画进了竹子,随晨露晚风
以天地为枕,把酒一盏,浇透了一生

酒酣耳热,竹子脱下了青色的大褂
丈量着世间的热词
浑身露出秋风里刻度
起风了:好东西,你尽管来拿

一点竹茹,一点姜丝
一碗井水,安胎止吐

我喜欢在温性药里添用少量竹茹
还原成闪电,再放点冷却
温胆汤一种苦涩的经验,何人解读

莲须

请你出来时,抖动的胡须
迂回地观察我,还有前后左右
把前人的内证对折
这神秘的方程已经坦露很久

莲花宝座上的金色
每一条都带有菩萨的光芒
不只是送子观音,无关乎悲喜
带着一些《济生方》的蓝色

多像病人送我的锦旗上
黄色的丝带,随风飘动
无时无刻不在提醒我:
大医精诚。此时窗外正是 2024 年的春风

www.ingramcontent.com/pod-product-compliance
Lightning Source LLC
Chambersburg PA
CBHW082207090526
44583CB00021BA/2821